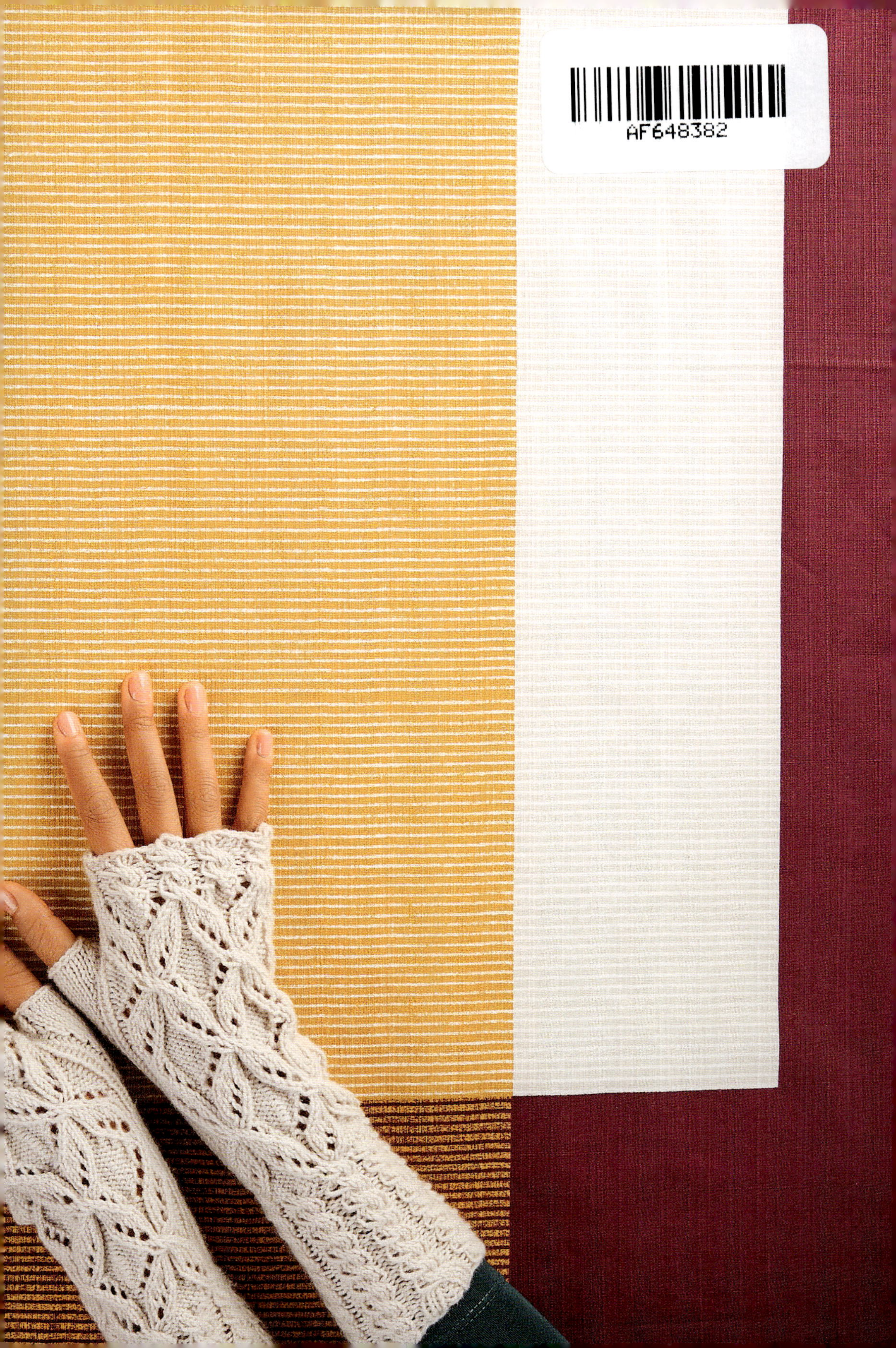

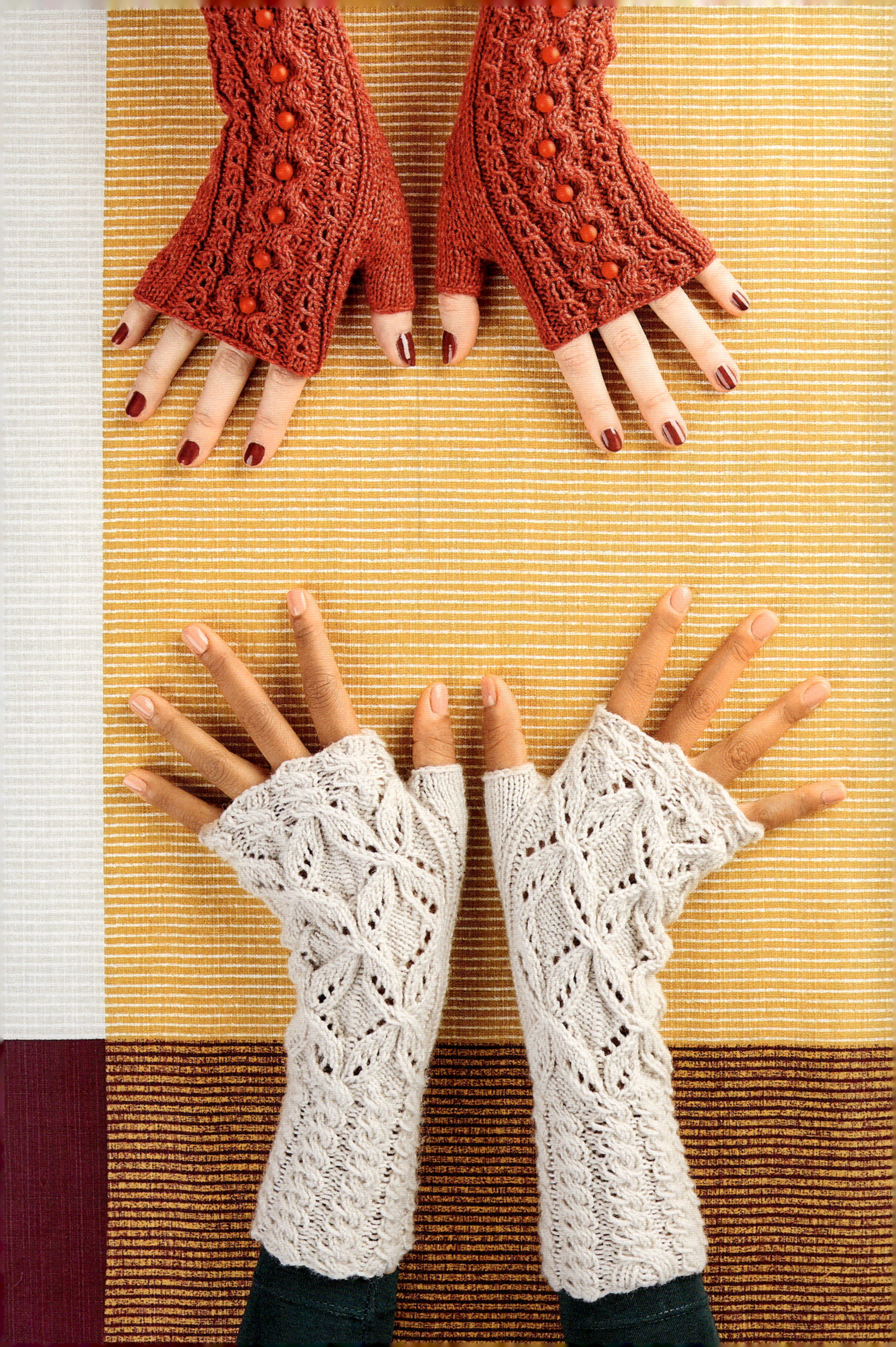

Babette Ulmer

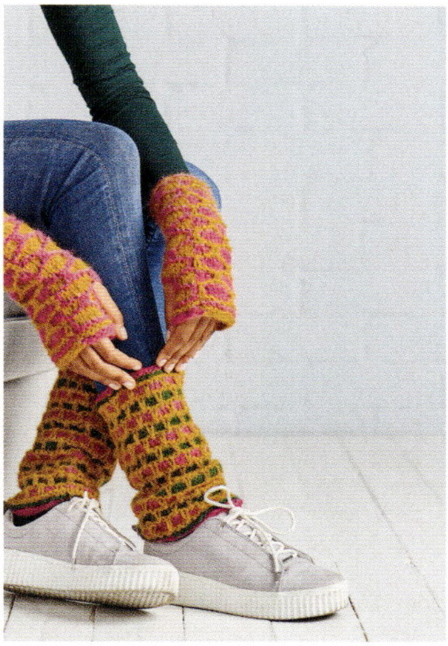

ARM- & BEIN-STULPEN

Kuschelige Style-Wunder stricken

CV

LIEBE STRICKERINNEN,

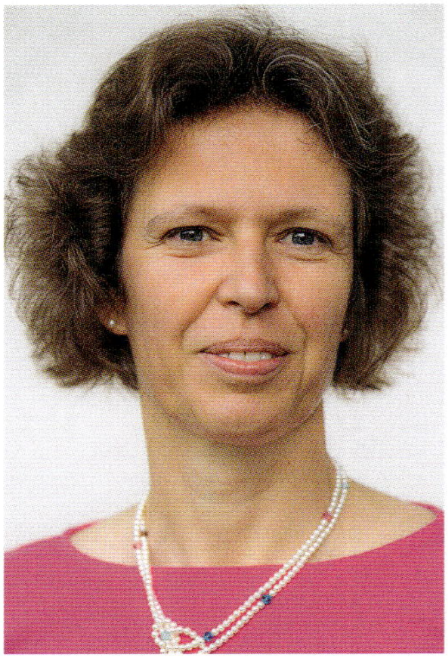

Stulpen, ob am Bein oder als Pulswärmer, sind nach wie vor unschlagbar, wenn das Outfit einen kleinen Hingucker braucht. Lange oder kürzere, mit Daumenloch oder ohne, mit einfachen Mustern und schwierigeren für Strickfans – hier ist alles dabei. Schnell gestrickt an einem Wochenende können sie am Montag schon ausgeführt werden. Neue Designs und wenig Garn – da werden Sie Lust bekommen, gleich mehrere unterschiedliche Hingucker-Stulpen in starken Farb- und Musterkombinationen passend zu Ihrer Garderobe zu stricken.

Ich wünsche Ihnen viel Vergnügen dabei!

Babette Ulmer

Schwierigkeitsgrade der Modelle

✶ = einfach

✶ ✶ = mittel

✶ ✶ ✶ = schwierig

INHALT

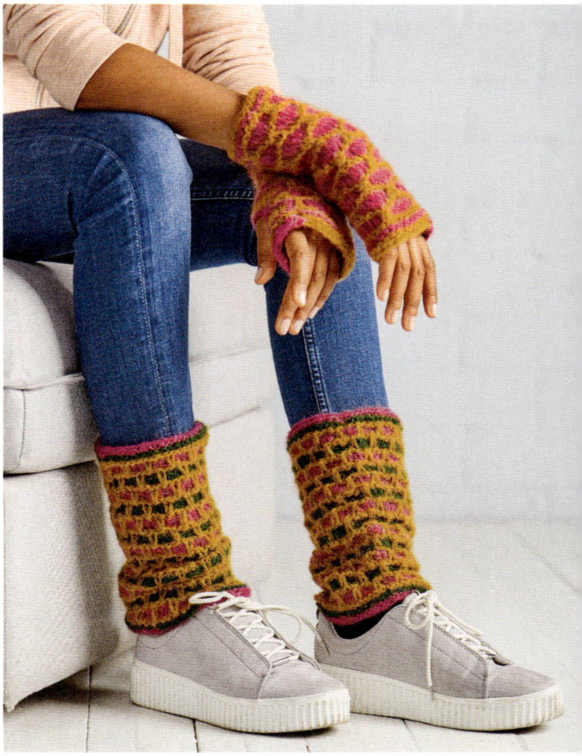

SPORTLICH

Beinstulpen mit Rippenmuster ★ ☆ ☆

Größe

26 cm Umfang, 26 cm Länge

Material

- Buttinette Woll Butt Socke (75 % Schurwolle, 25 % Polyamid, Lauflänge 130 m/50 g): 100 g Dunkelgrau (Farbe 23059)
- Nadelspiel 3,5 mm

Rippenmuster: Maschenzahl teilbar durch 3. 2 Maschen rechts, 1 Masche kraus rechts (1 Runde rechts, 1 Runde links) im Wechsel stricken.

Maschenprobe: Rippenmuster 23 Maschen und 30 Runden = 10 x 10 cm

So wird's gemacht

Rechte Stulpe

60 Maschen anschlagen, die Maschen gleichmäßig auf vier Nadeln verteilen – 15 Maschen pro Nadel. 26 cm = 78 Runden im Rippenmuster stricken. Maschen abketten.

Linke Stulpe

Ebenso arbeiten.

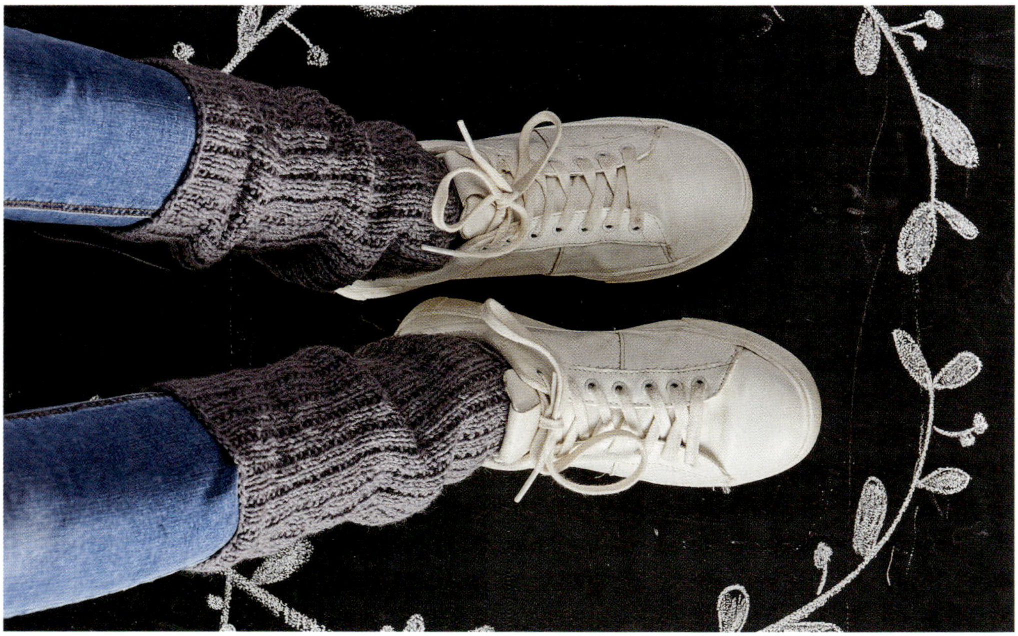

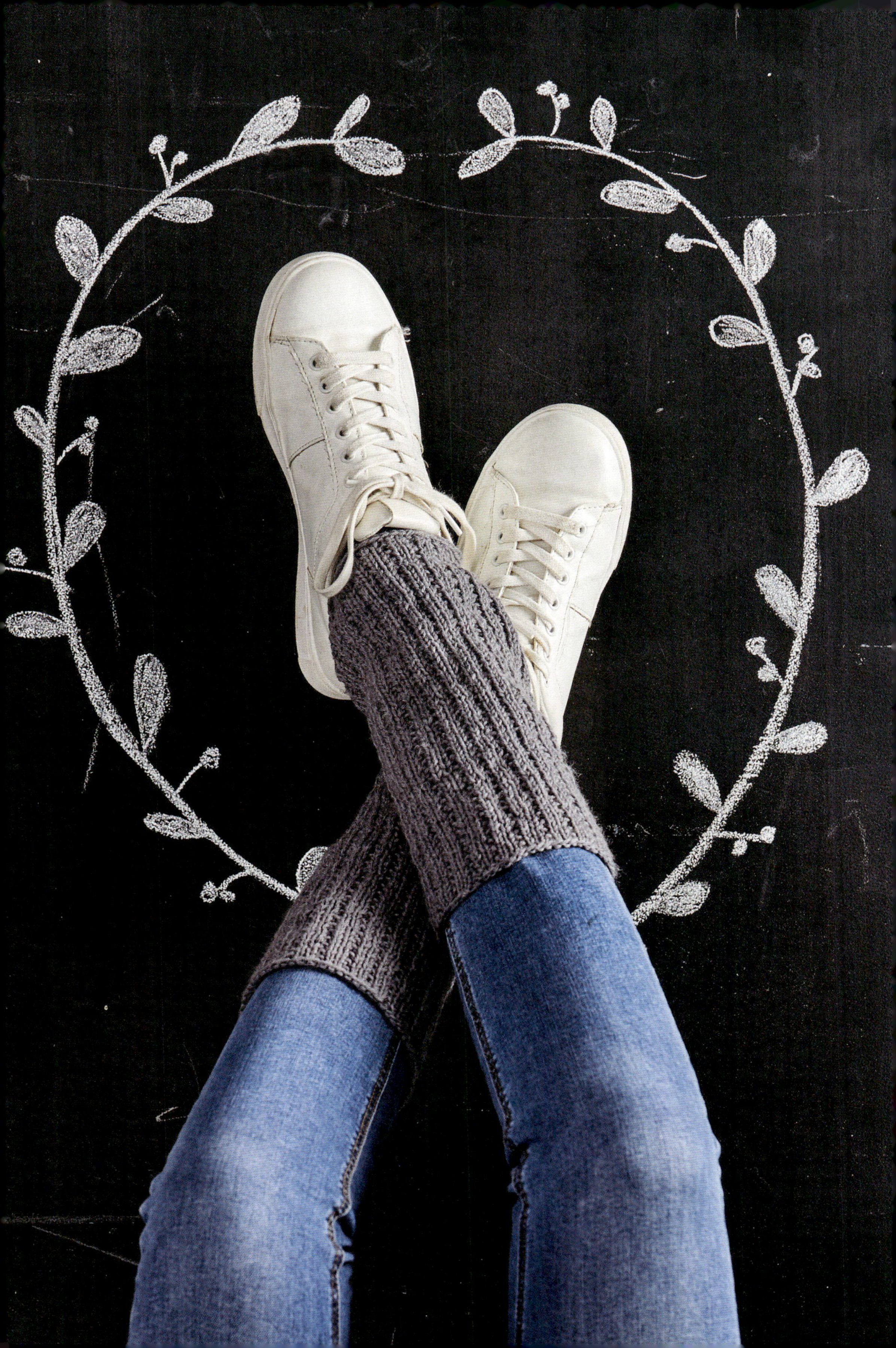

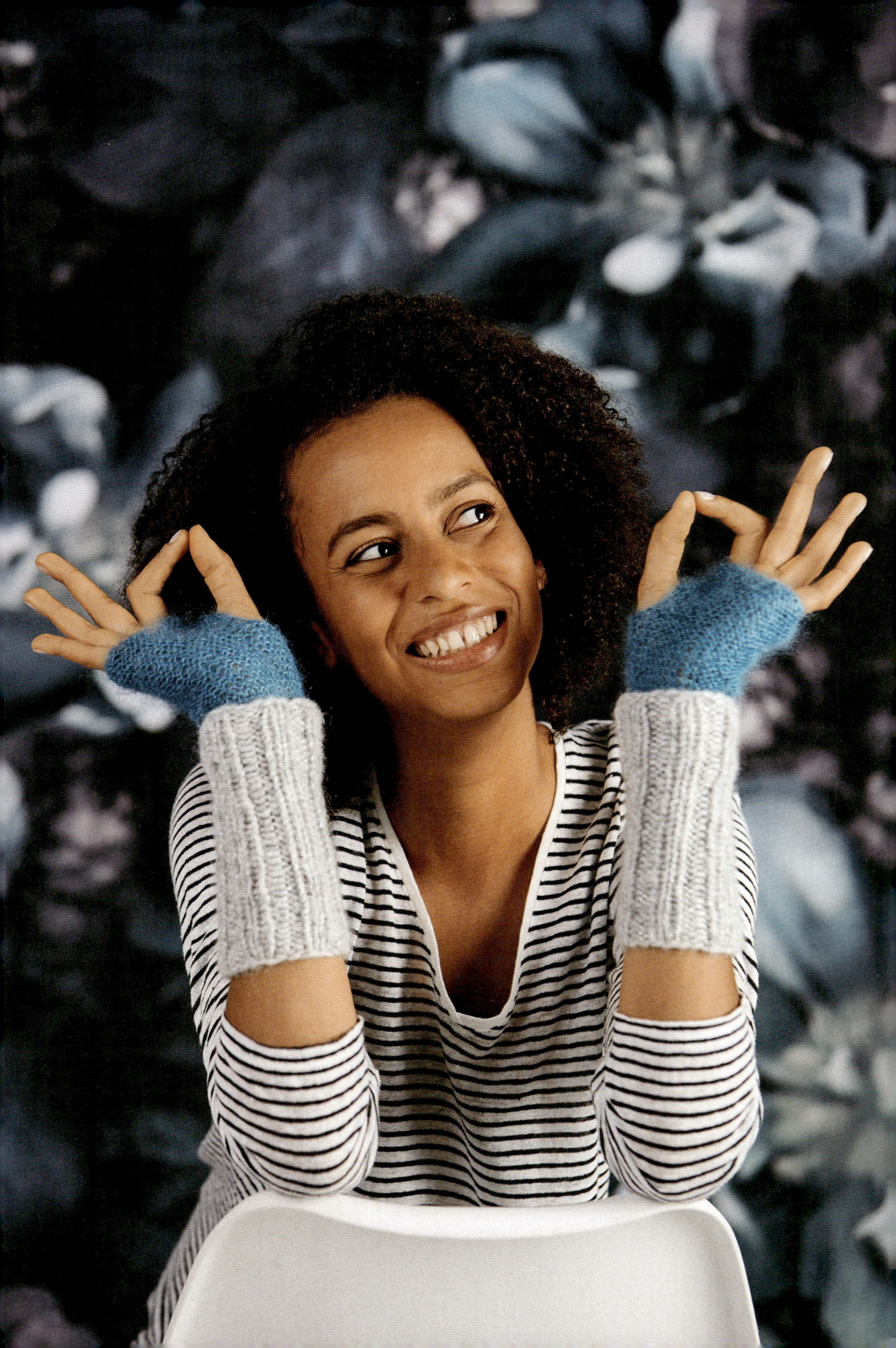

HANDSCHMEICHLER

Armstulpen mit Rippen- und Kraus-rechts-Muster ✶ ☆ ☆

Größe

19 (22) cm Umfang, 26 cm Länge

Material

- Schulana Miralux (45 % Soft Lurex, 40 % Alpaka, 15 % Schurwolle, Lauflänge 110 m/50 g): 50 g Silber (100) und Kid-Seta (70 % Mohair, 30 % Seide, Lauflänge 210 m/25 g): 25 g Petrol (44)
- Nadelspiel Nr. 3,5 und 6

Rippenmuster: 2 Maschen rechts, 2 Maschen links im Wechsel stricken.

Kraus rechts: In Runden 1 Runde rechts und 1 Runde links im Wechsel stricken.

Maschenproben: Rippenmuster in Miralux mit Nadeln Nr. 6, leicht gedehnt: 14 Maschen und 23 Runden = 10 x 10 cm

Kraus rechts in Kid-Seta mit Nadeln Nr. 3,5: 20 Maschen und 45 Runden = 10 x 10 cm

So wird's gemacht

Äußere Stulpe (2x):

24 (28) Maschen in Miralux anschlagen, die Maschen gleichmäßig auf vier Nadeln verteilen – 6 (7) Maschen pro Nadel. 16 cm = 37 Runden im Rippenmuster stricken. Maschen abketten, wie sie erscheinen.

Innere Stulpe (2x):

38 (44) Maschen in Kid-Seta locker anschlagen, die Maschen gleichmäßig auf vier Nadeln verteilen – 9-10-9-10 (11) Maschen pro Nadel. Kraus rechts stricken. Nach 8 cm = 36 Runden ab Anschlag für den Daumenschlitz die ersten 10 Maschen abketten und in der folgenden Runde wieder dazu anschlagen. Nach 5,5 cm = 25 Runden ab Daumenschlitz alle Maschen locker abketten.

Fertigstellung: Die innere Stulpe jeweils 4,5 cm über die äußere Stulpe schieben und die Anschlagkante locker annähen. Danach die Stulpe umdrehen, so dass die äußere über der inneren Stulpe liegt.

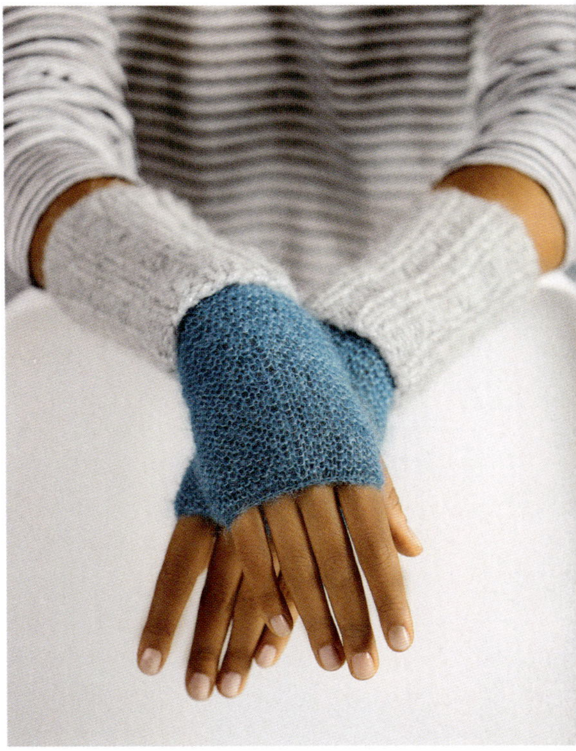

BEERENZÖPFE

Armstulpen mit Zopf-Ajourmuster ✶ ✶ ☆

Größe

20 (23,5) cm Umfang, 30 (32) cm Länge

Material

- Buttinette Woll Butt Primo Madeleine 150 (100 % Schurwolle, Lauflänge 150 m/50 g): 100 g Malve (22378)
- Nadelspiel Nr. 3

Glatt rechts: In Runden immer rechts stricken.

Zopf-Ajourmuster, Maschenzahl teilbar durch 8: Nach der Strickschrift arbeiten. Es sind nur ungerade Runden gezeichnet; in den geraden Runden alle Maschen und Umschläge rechts stricken. Den Mustersatz sowie die 1. – 16. Runde stets wiederholen.

Maschenprobe: Zopf-Ajourmuster 24 Maschen und 37,5 Runden = 10 x 10 cm

So wird's gemacht

Stulpe (2x)

48 (56) Maschen anschlagen, die Maschen gleichmäßig auf vier Nadeln verteilen – 12 (14) Maschen pro Nadel. Im Zopf-Ajourmuster stricken. Nach 19,5 cm = 73 Runden ab Anschlag für den **Daumenkeil** die 4. Masche der 1. Nadel markieren und beidseitig der markierten Masche je 1 Masche aus dem Querfaden rechts verschränkt herausstricken = 3 Maschen Daumenkeil. Über die Daumenkeilmaschen glatt rechts stricken. Die Zunahmen wie folgt stricken: * In der folgenden 3. Runde vor und nach den Daumenkeilmaschen je 1 Masche aus dem Querfaden rechts verschränkt herausstricken, ab * 5 (6) x arbeiten = 13 (15) Daumenkeilmaschen. Die Zahl der Daumenkeilmaschen erhöht sich bei jeder Zunahmerunde um 2 Maschen. Die Daumenkeilmaschen stilllegen.

Dann über den stillgelegten Daumenkeilmaschen für den **Daumensteg** 5 Maschen dazu anschlagen und 1 Runde stricken, dabei über die 5 Maschen des Daumenstegs glatt rechts stricken. In der folgenden Runde die 1. Stegmasche mit der Masche davor rechts überzogen zusammenstricken (= 1 Masche wie zum Rechtsstricken abheben, 1 Masche rechts stricken, dann die abgehobene Masche überziehen) und die letzte Stegmasche mit der Masche danach rechts zusammenstricken. Diese Abnahmen in der folgenden Runde ebenso arbeiten, es bleibt noch 1 Steg-Masche übrig = 48 (56) Maschen. Nach 30 (32) cm = 112 (120) Runden ab Anschlag alle Maschen abketten.

Für den Daumen die stillgelegten 13 (15) Keilmaschen auf eine Nadel nehmen und 5 Maschen aus dem Steg auffassen = 18 (20) Maschen. Die Maschen gleichmäßig auf 3 Nadeln verteilen = 6 (7-6-7) Maschen pro Nadel. Glatt rechts stricken. In der 2. Runde die 1. Stegmasche mit der Masche davor rechts überzogen zusammenstricken und die letzte Stegmasche mit der Masche danach rechts zusammenstricken. Diese Abnahmen in der folgenden Runde ebenso arbeiten, es bleibt noch 1 Steg-Masche übrig = 14 (16) Maschen. In Höhe des obersten Daumengelenks alle Maschen abketten.

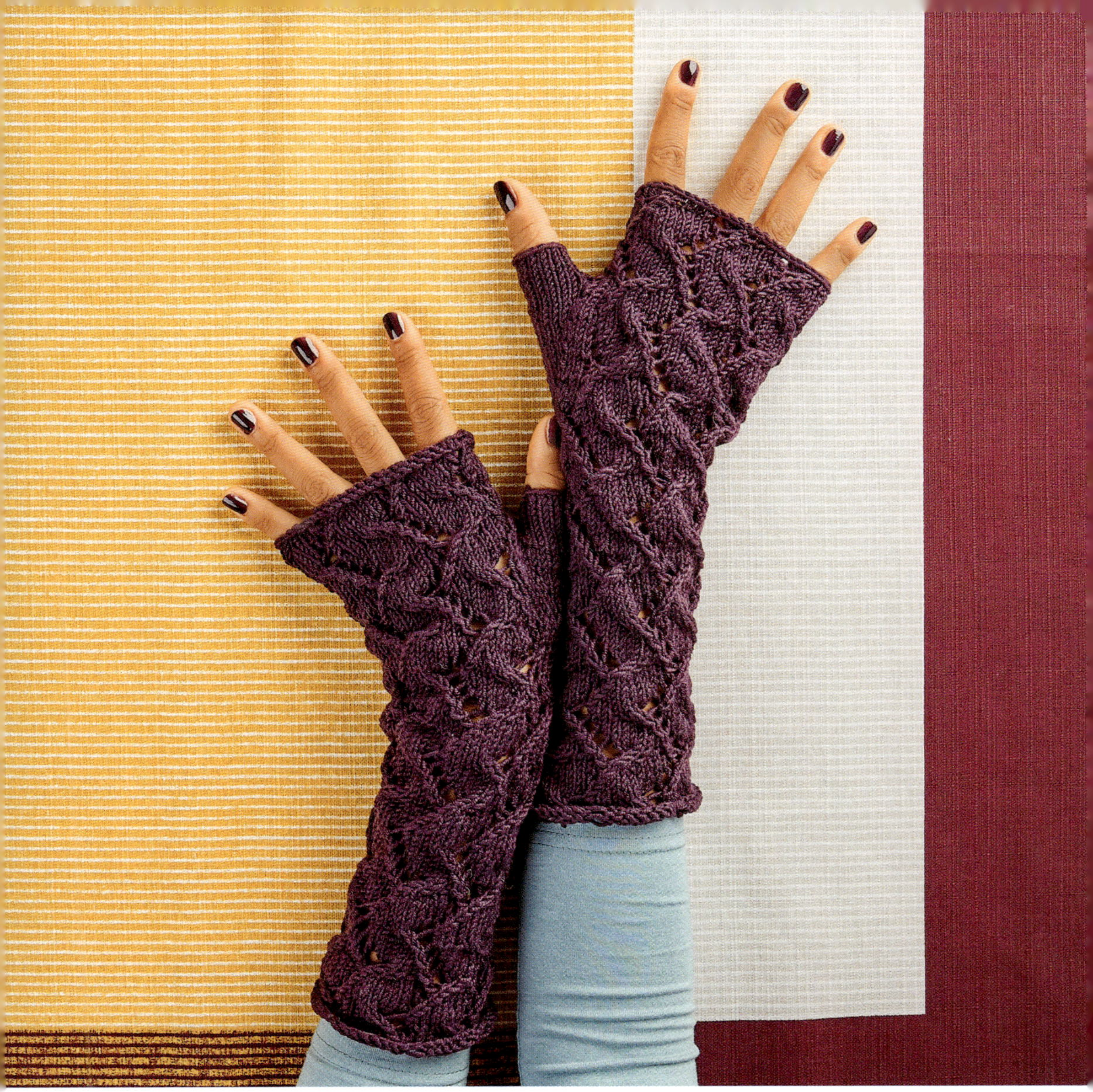

Strickschrift

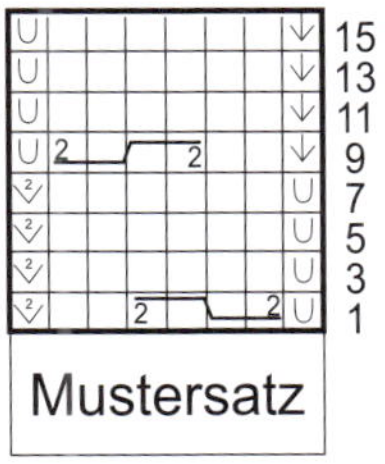

Zeichenerklärung

□ = 1 Masche rechts

U = 1 Umschlag

= 2 Maschen rechts zusammenstricken

= 2 Maschen rechts überzogen zusammenstricken (= 1 Masche wie zum Rechtsstricken abheben, 1 Masche rechts stricken, dann die abgehobene Masche überziehen)

= 2 Maschen auf eine Hilfsnadel vor die Arbeit legen, 2 Maschen rechts stricken, dann die Maschen der Hilfsnadel rechts stricken

= 2 Maschen auf eine Hilfsnadel hinter die Arbeit legen, 2 Maschen rechts stricken, dann die Maschen der Hilfsnadel rechts stricken

FRÜHLINGSZART

Armstulpen mit Zopf-Ajourmuster ✶ ✶ ✩

Größe

19 (22) cm Umfang, 26 cm Länge

Material

- Schulana Sensitiva (100 % Schurwolle, Lauflänge 185 m/50 g): 50 g Beige (5)
- Nadelspiel Nr. 3,5

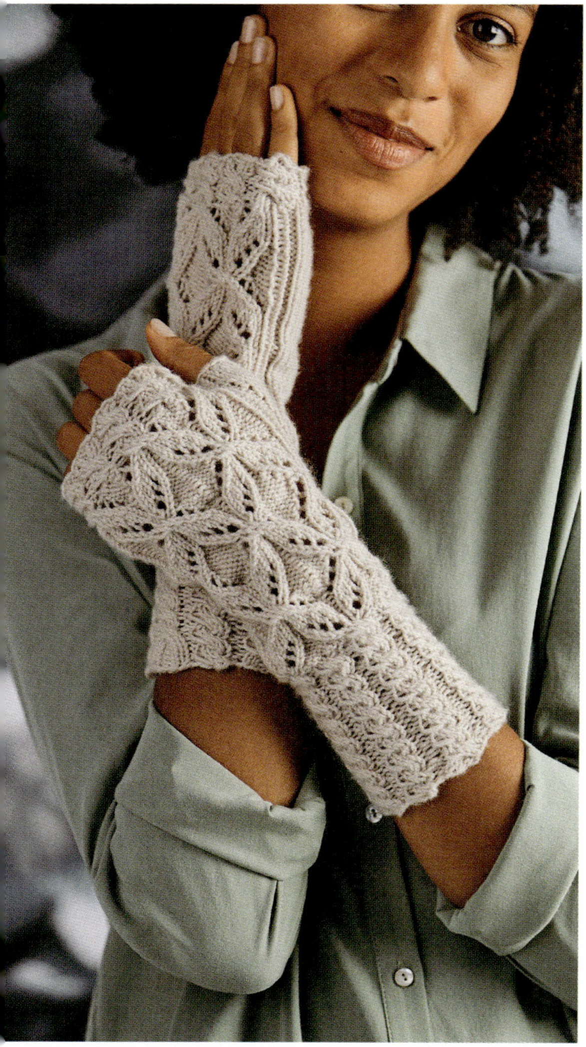

Glatt rechts: In Runden immer rechts stricken.
Glatt links: In Runden immer links stricken.
Zopfmuster: Maschenzahl teilbar durch 14. Nach der Strickschrift arbeiten. Den Mustersatz von 14 Maschen stets wiederholen. 8x die 1. – 4. Runde, dann 1x die 33. – 36. Runde stricken.
Ajourzopf über 28 Maschen: Nach der Strickschrift arbeiten. Die 37. – 64. Runde (= 28 Runden) 2x arbeiten, jedoch die letzte Runde laut Anleitung stricken.
Maschenprobe: Mascheneinteilung 28 Maschen und 40 Runden = 10 x 10 cm

So wird's gemacht

Rechte Stulpe

Die Maschen der Handfläche sind auf der 1. und 2. Nadel, die Maschen des Handrückens auf der 3. und 4. Nadel. 56 Maschen anschlagen, die Maschen gleichmäßig auf vier Nadeln verteilen – 14 Maschen pro Nadel. Für den Bund 9 cm = 36 Runden Zopfmuster stricken. Danach die Maschen wie folgt einteilen: 1 Masche glatt rechts, 2 Maschen glatt links, 22 Maschen glatt rechts, 2 Maschen glatt links, 1 Masche glatt rechts, 28 Maschen Ajourzopf.
Nach 7 cm = 28 Runden ab Bund für den Daumenkeil die 4. Masche der 1. Nadel markieren und beidseitig der markierten Masche je 1 Ma-

sche aus dem Querfaden rechts verschränkt herausstricken = 3 Maschen Daumenkeil. Über die Daumenkeilmaschen glatt rechts stricken. Die Zunahmen wie folgt arbeiten: * In der folgenden 3. Runde vor und nach den Daumenkeilmaschen je 1 Masche aus dem Querfaden rechts verschränkt herausstricken, ab * 5x arbeiten = 13 Daumenkeilmaschen. Die Zahl der Daumenkeilmaschen erhöht sich bei jeder Zunahmen um 2 Maschen. Daumenkeilmaschen stilllegen.

Dann über den stillgelegten Daumenkeilmaschen für den Daumensteg 5 Maschen dazu anschlagen und 1 Runde stricken, dabei über die 5 Maschen des Daumenstegs glatt rechts stricken. In der folgenden Runde die 1. Stegmasche mit der Masche davor rechts überzogen zusammenstricken (= 1 Masche wie zum Rechtsstricken abheben, 1 Masche rechts stricken, dann die abgehobene Masche überziehen) und die letzte Stegmasche mit der Masche danach rechts zusammenstricken. Diese Abnahmen in der folgenden Runde ebenso arbeiten; es bleibt noch 1 Stegmasche übrig = 56 Maschen. Nach 55 Runden in der Mascheneinteilung für den Bund im Zopfmuster weiterarbeiten, dafür die letzte Runde der Mascheneinteilung (= 56. Runde) wie die 4. Runde der Strickschrift arbeiten. Nach 2,5 cm = 9 Runden im Zopfmuster alle Maschen abketten.

Für den Daumen die stillgelegten 13 Keilmaschen auf eine Nadel nehmen und 5 Maschen aus dem Steg auffassen = 18 Maschen. Die Maschen gleichmäßig auf 3 Nadeln verteilen – 6 Maschen pro Nadel. Glatt rechts stricken. In der 2. Runde die 1. Stegmasche mit der Masche davor rechts überzogen zusammenstricken und die letzte Stegmasche mit der Masche danach rechts zusammenstricken. Diese Abnahmen in der folgenden Runde ebenso arbeiten; es bleibt

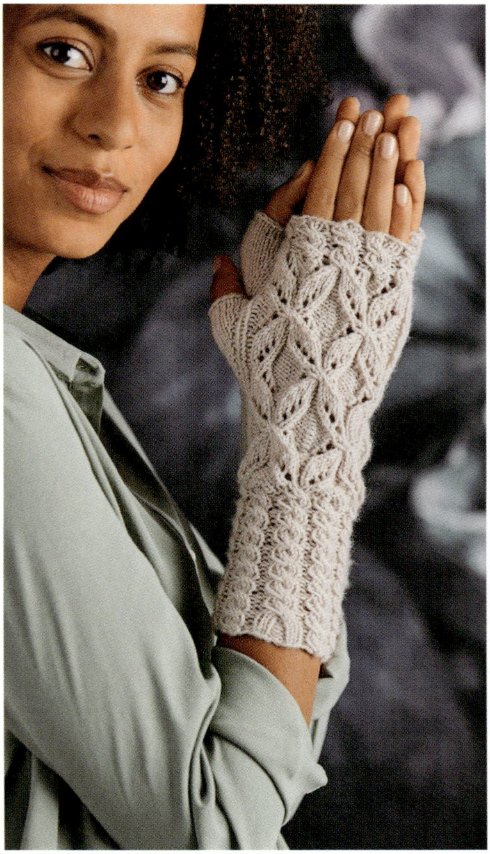

noch 1 Stegmasche übrig = 14 Maschen. In Höhe des oberen Daumengelenks alle Maschen abketten.

Linke Stulpe

Genauso arbeiten, jedoch die Mascheneinteilung mit 28 Maschen Ajourzopf beginnen. Außerdem für den Daumenkeil die viertletzte Masche der 4. Nadel markieren.

Strickschrift und Zeichenerklärung:

Siehe Seite 38.

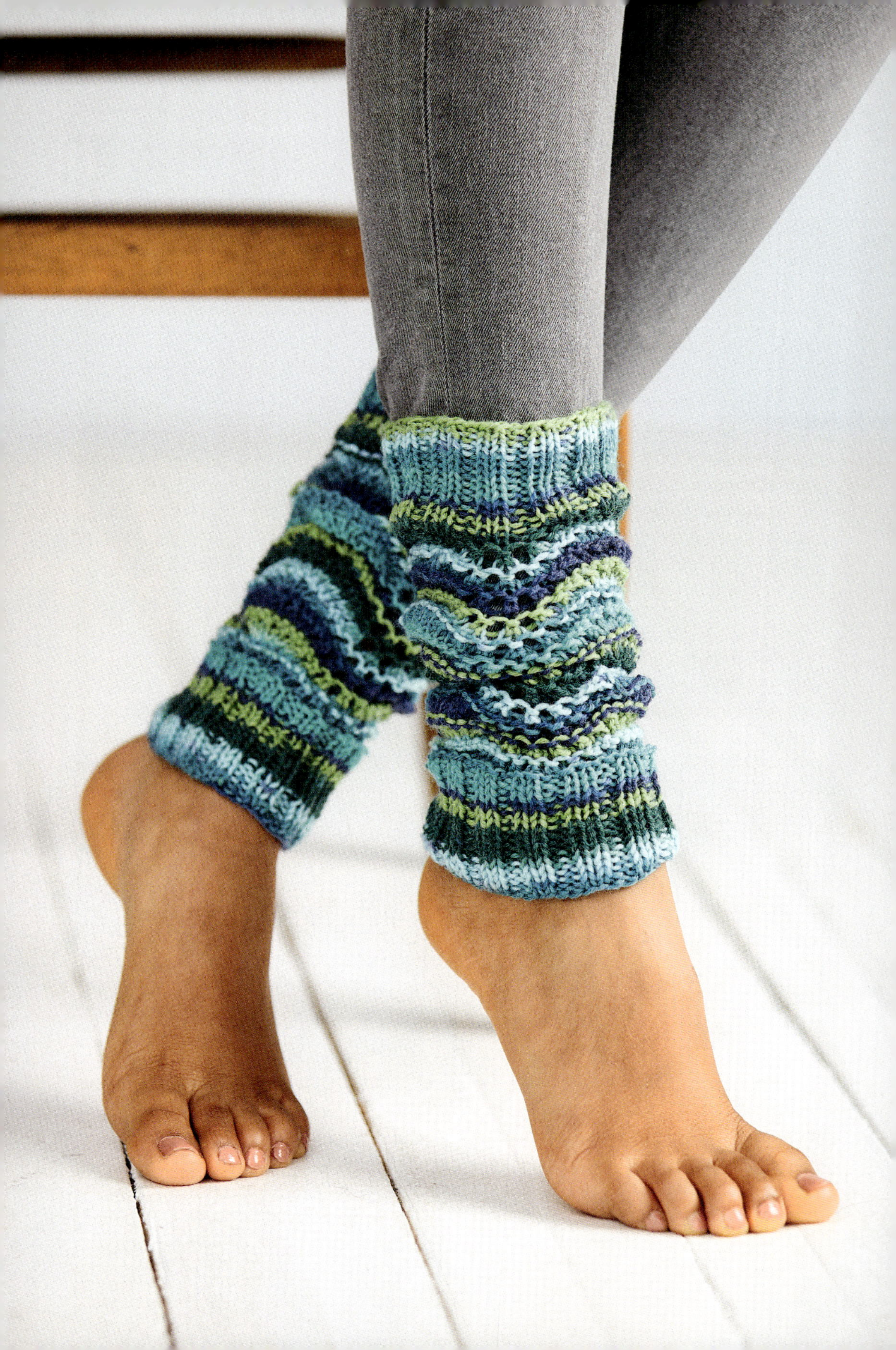

WELLENLINIEN

Beinstulpen mit Rippen- und Pfauenmuster ✶ ☆ ☆

Größe

20 cm Umfang, 25 cm Länge

Material

- Junghans-Wolle Freizeit 6-fädig (75 % Schurwolle, 25 % Polyamid, Lauflänge 400 m/150 g): 150 g Jade (202-440-05)
- Nadelspiel Nr. 4

Rippenmuster: 2 Maschen rechts, 2 Maschen links im Wechsel stricken.

Pfauenmuster, Maschenzahl teilbar durch 17: Nach der Strickschrift arbeiten. Den Mustersatz von 17 Maschen stets wiederholen. Die 1. – 4. Runde stets wiederholen.

Maschenprobe: Pfauenmuster 21 Maschen und 33,5 Runden = 10 x 10 cm

Rippenmuster, leicht gedehnt 21 Maschen und 30 Runden = 10 x 10 cm

Strickschrift

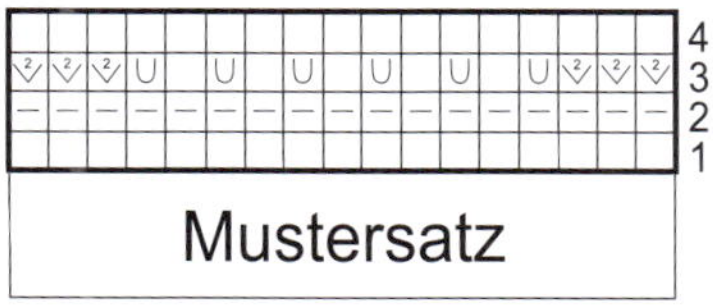

Zeichenerklärung

☐ = 1 Masche rechts

⊟ = 1 Masche links

Ⓤ = 1 Umschlag

☑ = 2 Maschen rechts zusammenstricken

So wird's gemacht

Rechte Stulpe

52 Maschen anschlagen, die Maschen gleichmäßig auf vier Nadeln verteilen – 13 Maschen pro Nadel. Für den Bund 5 cm = 15 Runden im Rippenmuster stricken. Dann im Pfauenmuster arbeiten, dabei in der 1. Runde 1 Masche abnehmen = 51 Maschen. Nach 15 cm = 50 Runden ab Bund wieder 5 cm = 15 Runden im Rippenmuster stricken, dabei in der 1. Runde 1 Masche zunehmen = 52 Maschen. Maschen abketten, wie sie erscheinen.

Linke Stulpe

Ebenso arbeiten.

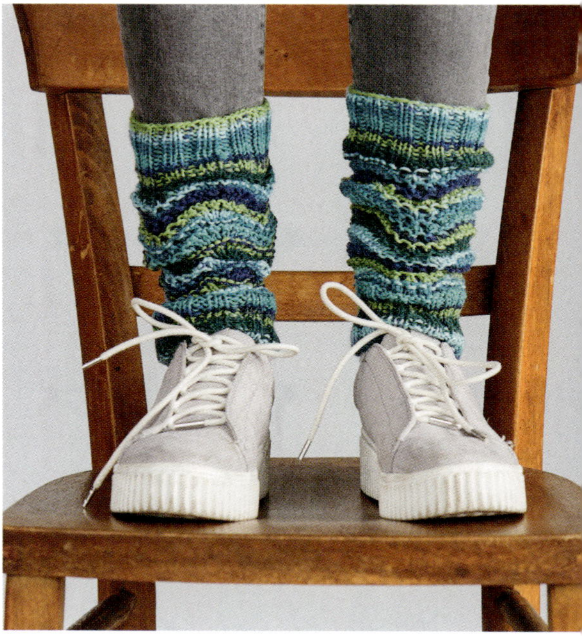

FESTLICH

Armstulpen mit Zopf-Ajourmuster ✶ ✶ ☆

Größe

19,5 (22) cm Umfang, 21 cm Länge

Material

- Schulana Sensitiva (100 % Schurwolle, Lauflänge 185 m/50 g): 50 g Himbeer (00023)
- 100 cm farblich passendes Satinband (5 mm breit)
- farblich passender Nähfaden
- Nadelspiel Nr. 3,5
- Häkelnadel Nr. 3

Glatt links: In Runden immer links stricken.

Ajour-Zopfmuster, Maschenzahl teilbar durch 8: Nach der Strickschrift arbeiten. Es sind nur ungerade Runden gezeichnet; in den geraden Runden die Maschen stricken, wie sie erscheinen, und Umschläge rechts stricken. Den Mustersatz von 8 Maschen stets wiederholen. 1x die 1. – 18. Runde arbeiten, dann die 15. – 18. Runde stets wiederholen.

Maschenprobe: Ajour-Zopfmuster 29 Maschen und 37,5 Runden = 10 x 10 cm

So wird's gemacht

Rechte Stulpe

56 (64) Maschen anschlagen und die Maschen gleichmäßig auf vier Nadeln verteilen – 14 (16) Maschen pro Nadel. 1 Runde links stricken, dann das Ajour-Zopfmuster stricken. Nach 12,5 cm = 47 Runden ab Anschlag für den **Daumenkeil** die zweitletzte Masche der 4. Nadel markieren und beidseitig der markierten Masche je 1 Masche aus dem Querfaden links verschränkt herausstricken = 3 Maschen Daumenkeil. Die Zunahmen wie folgt stricken: * In der folgenden 3. Runde vor und nach den Daumenkeilmaschen je 1 Masche aus dem Querfaden links verschränkt herausstricken, ab * 5 (6) x arbeiten = 13 (15) Daumenkeilmaschen. Die Zahl der Daumenkeilmaschen erhöht sich bei jeder Zunahmerunde um 2 Maschen. Über die Daumenkeilmaschen glatt links stricken. Die Daumenkeilmaschen stilllegen. Dann über den stillgelegten Daumenkeilmaschen für den **Daumensteg** 5 (7) Maschen dazu anschlagen und 1 Runde stricken, dabei über die 5 (7) Maschen des Daumenstegs glatt links stricken. In der folgenden Runde die 1. Stegmasche mit der Masche davor und die letzte Stegmasche mit der Masche danach links zusammenstricken. Diese Abnahme in jeder Runde ebenso arbeiten, bis nur noch 1 Steg-Masche übrig ist = 56 (64) Maschen. Nach 21 (22) cm = 79 (83) Runden ab Anschlag alle Maschen abketten.

Für den Daumen die stillgelegten 13 (15) Keilmaschen auf eine Nadel nehmen, 5 (7) Maschen aus dem Steg auffassen und = 18 (22) Maschen. Die Maschen gleichmäßig auf 3 Nadeln verteilen = 6 (7-7-8) Maschen pro Nadel. Glatt links stricken. In der folgenden Runde die 1. Stegmasche mit der Masche davor und die letzte Stegmasche mit der Masche danach links zusammenstricken. Diese Abnahmen in jeder Runde ebenso arbeiten, bis nur noch 1 Steg-Masche übrig ist = 14 (16) Maschen. In Höhe des obersten Daumengelenks alle Maschen abketten.

Linke Stulpe

Ebenso arbeiten.

Fertigstellung: Den oberen Stulpenrand jeweils mit 1 Runde wie folgt umhäkeln: In der Mitte eines Zopfs anschlingen, * 2 Maschen überspringen, 5 Stäbchen in 1 Masche, 2 Maschen überspringen, 1 Kettmasche, ab * stets wiederholen, dabei gleichmäßig verteilt an zwei (vier) Stellen nur 1 Masche überspringen, mit 1 Kettmasche in die Anschling-Masche zur Runde schließen. Das Satinband in die letzte Lochrunde des Ajourzopfs einziehen, dabei auf dem Handrücken beginnen. Die Bandenden zur Schleife binden. Die Schleife mit Nähfaden mit ein paar Stichen fixieren.

Strickschrift und Zeichenerklärung:

Siehe Seite 38.

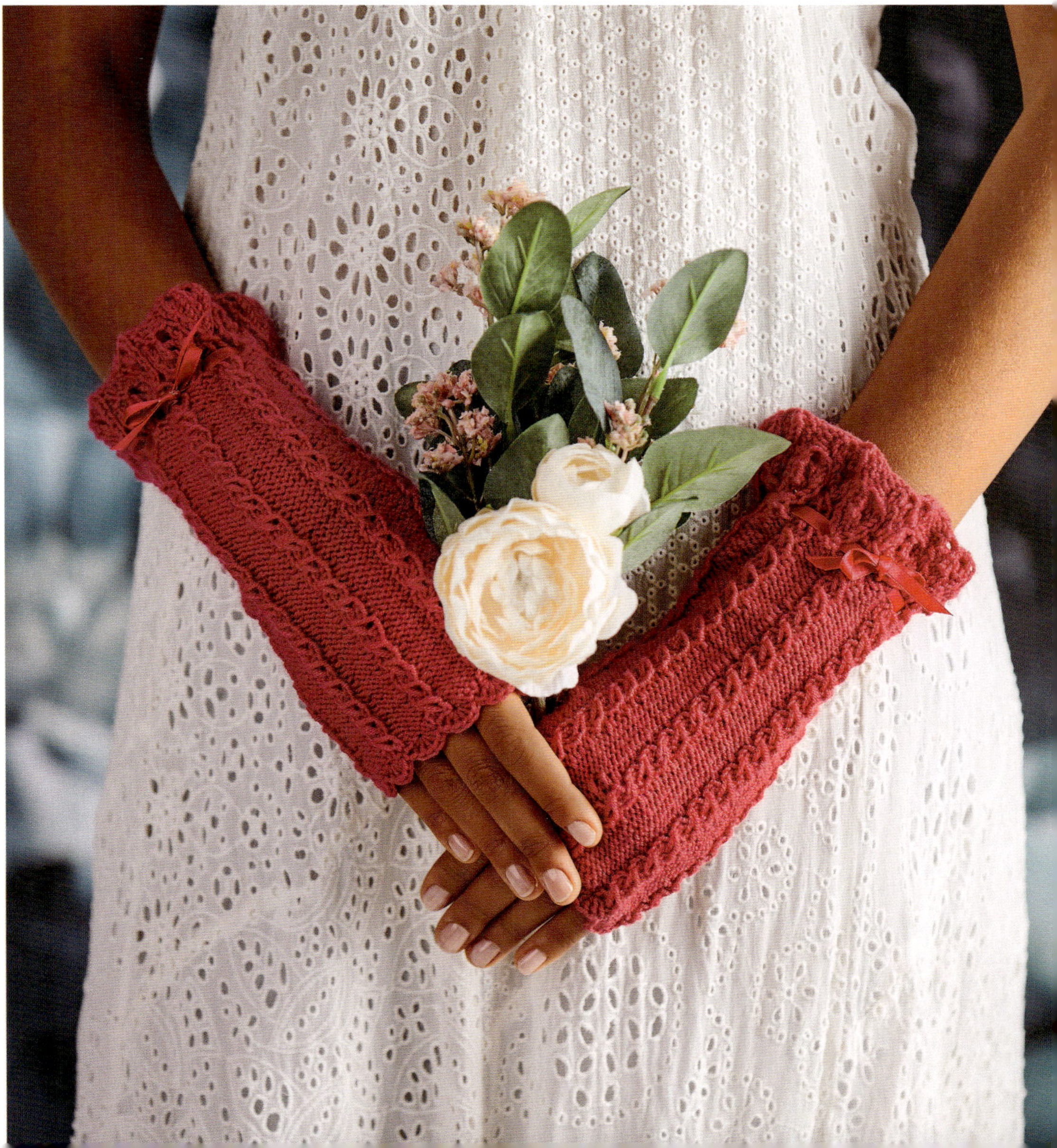

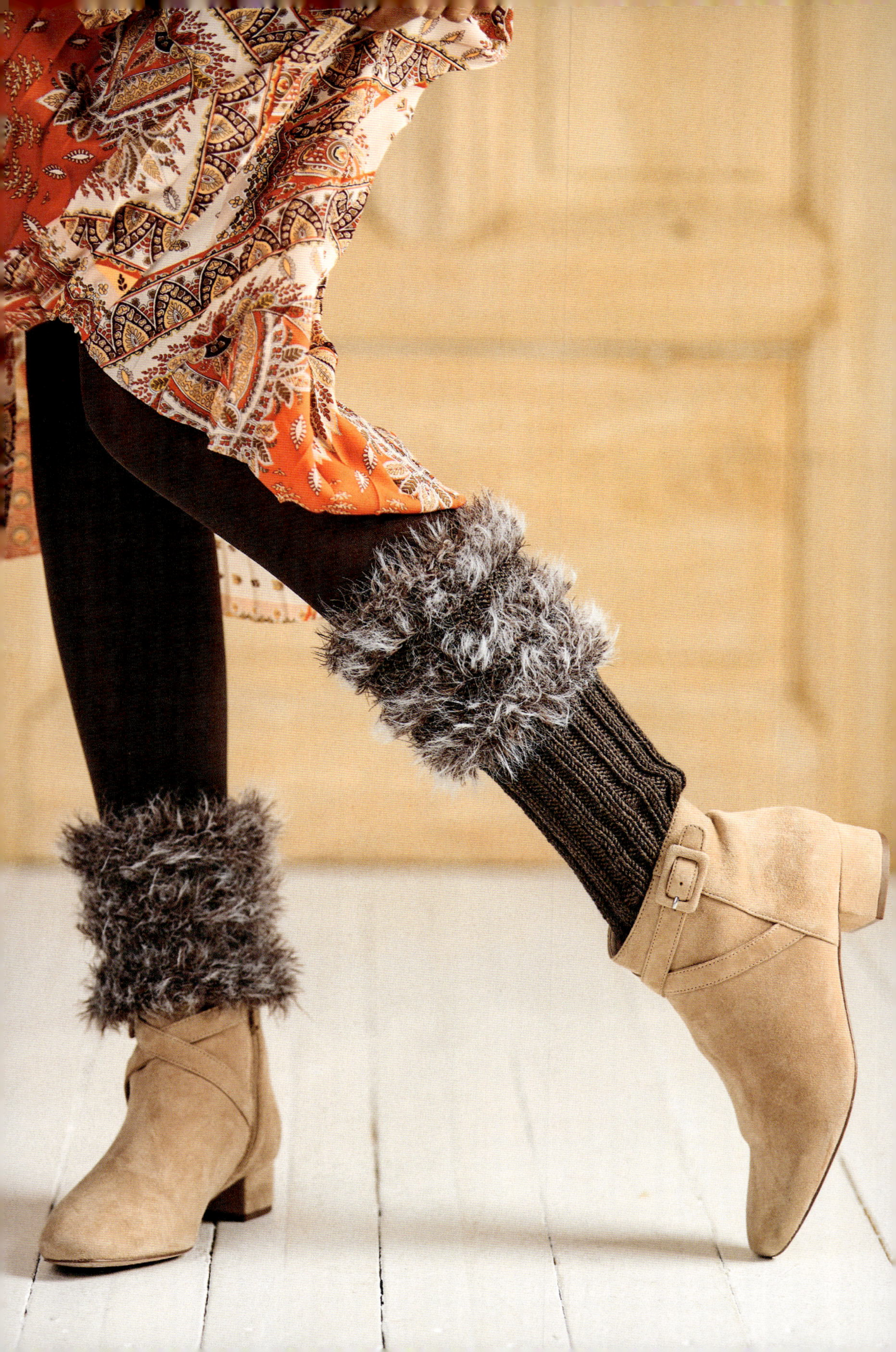

FELL-OPTIK

Beinstulpen mit Rippenmuster ✶ ✧ ✧

Größe

28 cm Umfang, 25 cm Länge + 13,5 cm Umschlag

Material

- ONline Garne Linie 110 Timona (100 % Schurwolle, Lauflänge 120 m/50 g): 100 g Braun (205) und Linie 332 Fur (55 % Polyester, 45 % Polyamid, Lauflänge 70 m/50 g): 50 g Braun (03)
- Nadelspiele Nr. 3,5, 4 und 6

Rippenmuster: 2 Maschen rechts, 2 Maschen links im Wechsel stricken.

Glatt rechts: In Runden immer rechts stricken.

Glatt links: In Runden immer links stricken.

Muster- und Streifenfolge: * 6 Runden glatt rechts mit Fur und Nadeln Nr. 6, 6 Runden glatt links mit Timona und Nadeln Nr. 4, ab * 2x arbeiten, 6 Runden glatt rechts mit Fur und Nadeln Nr. 6 = 30 Runden.

Maschenproben: Rippenmuster mit Nadeln Nr. 3,5 und Timona, leicht gedehnt, 20 Maschen und 30 Runden = 10 x 10 cm

Glatt rechts mit Nadeln Nr. 4 und Timona 21 Maschen und 28 Runden = 10 x 10 cm

Glatt links mit Nadeln Nr. 6 und Fur 19 Maschen und 20 Runden = 10 x 10 cm

So wird's gemacht

Rechte Stulpe

56 Maschen mit Timona und Nadeln 3,5 mm anschlagen, die Maschen gleichmäßig auf vier Nadeln verteilen – 14 Maschen pro Nadel. 25 cm = 75 Runden im Rippenmuster stricken. Dann 30 Runden in der Muster- und Streifenfolge stricken. Danach alle Maschen abketten.

Linke Stulpe

Ebenso arbeiten.

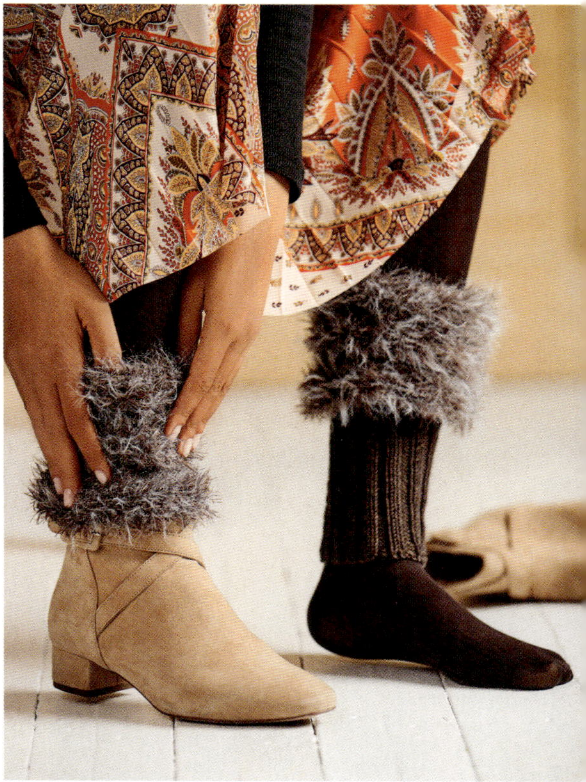

VERSPIELT

Armstulpen mit Rippen- und Zopfmuster ✶ ✶ ☆

Größe

19 (21) cm Umfang, 24 (25) cm Länge

Material

- ONline Garne Linie 2 Supersocke Silk (55 % Schurwolle, 25 % Polyamid, 20 % Seide, Lauflänge 200 m/50 g): 50 g Rot (19)
- 14 rote Perlen (7 mm ø)
- Nadelspiel Nr. 3

Rippenmuster: 2 Maschen rechts, 2 Maschen links im Wechsel stricken.

Glatt rechts: In Runden immer rechts stricken.

Zopfmuster über 23 Maschen: Nach der Strickschrift arbeiten. Es sind nur ungerade Runden gezeichnet; in den geraden Runden Maschen stricken, wie sie erscheinen, und Umschläge rechts stricken. Die 1. – 10. Runde arbeiten, dann die 3. – 10. Runde stets wiederholen.

Maschenproben: Glatt rechts 21,5 Maschen und 36 Runden = 10 x 10 cm

Zopfmuster 23 Maschen und 36 Runden = 6 x 10 cm

Rippenmuster, leicht gedehnt, 25,5 Maschen und 36 Runden = 10 x 10 cm

So wird's gemacht

Rechte Stulpe

Die Maschen der Handfläche sind auf der 1. und 2. Nadel und die Maschen des Handrückens auf der 3. und 4. Nadel.

48 (52) Maschen anschlagen, die Maschen gleichmäßig auf vier Nadeln verteilen – 12 (14) Maschen pro Nadel. Für den Bund 7,5 cm = 27 Runden im Rippenmuster stricken. Dann die Maschen wie folgt einteilen: 26 (30) Maschen glatt rechts, 20 Maschen Zopfmuster, dabei in der 1. Runde über den mittleren 6 Maschen gleichmäßig verteilt 3 Maschen zunehmen = 23 Maschen, 2 Maschen glatt rechts = 51 (55) Maschen.

Nach 6,5 cm = 23 Runden ab Bund für den **Daumenkeil** die 4. Masche der 1. Nadel markieren und beidseitig der markierten Masche je 1 Masche aus dem Querfaden rechts verschränkt herausstricken = 3 Maschen Daumenkeil. * In der folgenden 3. Runde vor und nach den Daumenkeilmaschen je 1 Masche aus dem Querfaden rechts verschränkt herausstricken, ab * 5 (6) x arbeiten = 13 (15) Daumenkeilmaschen. Die Zahl der Daumenkeilmaschen erhöht sich bei jeder Zunahmerunde um 2 Maschen. Über die Daumenkeilmaschen glatt rechts stricken. Die Daumenkeilmaschen stilllegen.

Über den stillgelegten Daumenkeilmaschen für den **Daumensteg** 5 Maschen dazu anschlagen. 1 Runde stricken, dabei über die 5 Stegmaschen glatt rechts stricken. In der folgenden Runde die 1. Stegmasche mit der Masche davor rechts überzogen zusammenstricken (= 1 Masche wie zum Rechtsstricken abheben, 1 Masche rechts stricken, dann die abgehobene Masche überziehen) und die letzte Stegmasche mit der Masche danach rechts zusammenstricken. Diese Abnahmen in der folgenden Runde ebenso arbeiten = 51 (59) Maschen. Nach 16,5 17,5) cm = 60 (64) Runden ab Bund alle Maschen abketten.

Für den Daumen die stillgelegten 13 (15) Keilmaschen auf eine Nadel nehmen und 5 (7) Maschen aus dem Steg auffassen = 18 (20) Maschen. Die Maschen gleichmäßig auf 3 Nadeln verteilen = 6 (7-7-6) Maschen pro Nadel. Glatt rechts stricken. In der folgenden Runde die 1. Stegmasche mit der Masche davor rechts überzogen zusammenstricken und die letzte Stegmasche mit der Masche danach rechts zusammenstricken. Diese Abnahmen in der folgenden Runde ebenso arbeiten, es bleibt noch 1 Stegmasche übrig = 14 (16) Maschen. In Höhe des obersten Daumengelenks alle Maschen abketten.

Linke Stulpe

Bei der linken Stulpe sind die Maschen des Handrückens auf der 1. und 2. Nadel und die Maschen der Handfläche auf der 3. und 4. Nadel. Deshalb für den Daumenkeil die viertletzte Masche der 4. Nadel markieren.

Fertigstellung: Die Perlen aufnähen – siehe Foto.

Strickschrift und Zeichenerklärung:
Siehe Seite 39.

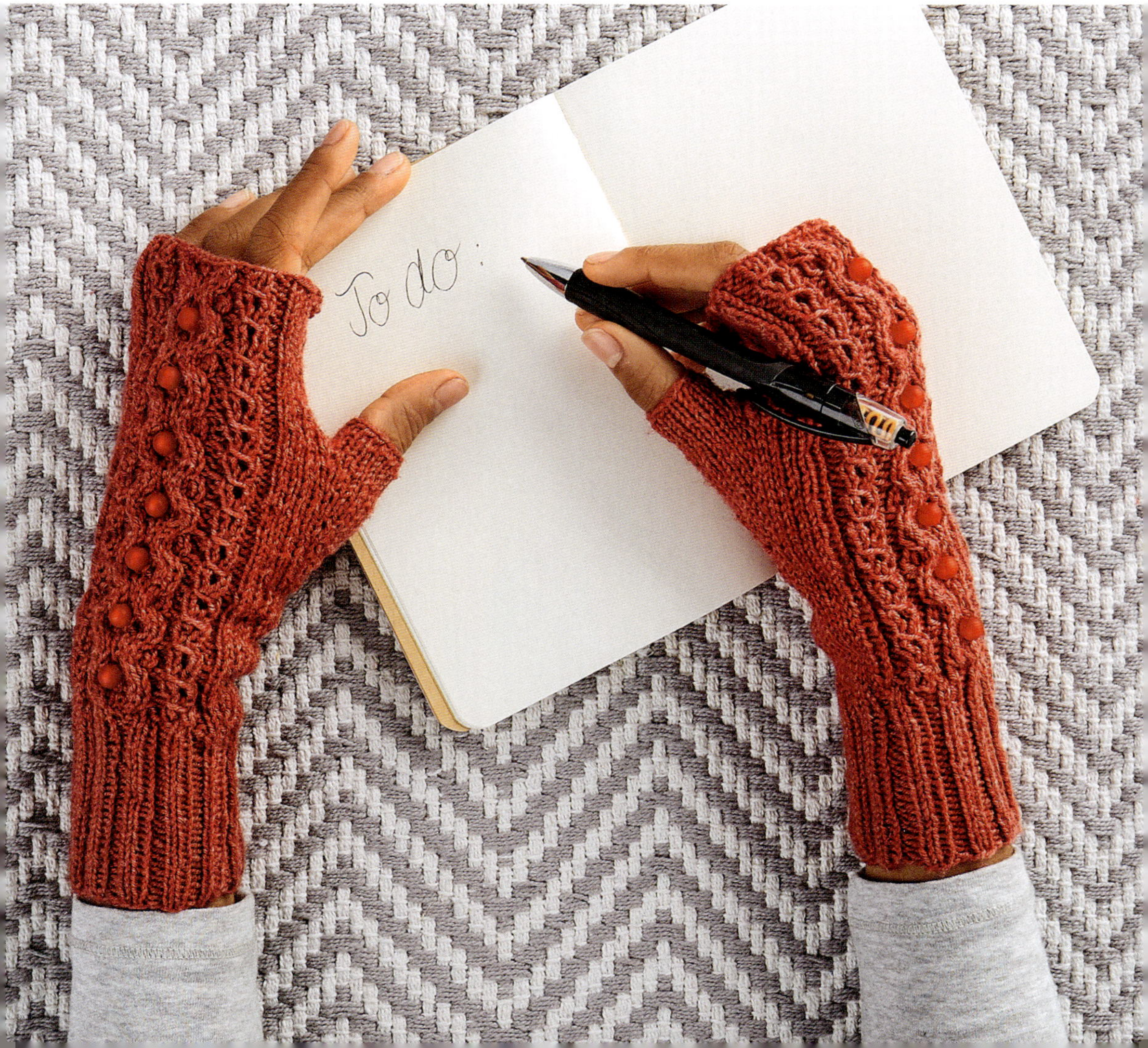

ZART VERZIERT

Armstulpen mit Rippen- und Aranmuster ✶ ✶ ☆

Größe

19 (22) cm Umfang, 30 cm Länge

Material

- ONline Garne Linie 155 Supercool (100 % Schurwolle): 100 g Hellgrau (18)
- Nadelspiel Nr. 3,5

Rippenmuster: 1 Masche rechts, 1 Masche links im Wechsel stricken.

Aranmuster über 17 Maschen: Nach der Strickschrift arbeiten. Es sind nur ungerade Runden gezeichnet; in den geraden Runden die Maschen stricken, wie sie erscheinen. Die 1. – 42. Runde arbeiten, dann die 3. – 42. Runde stets wiederholen.

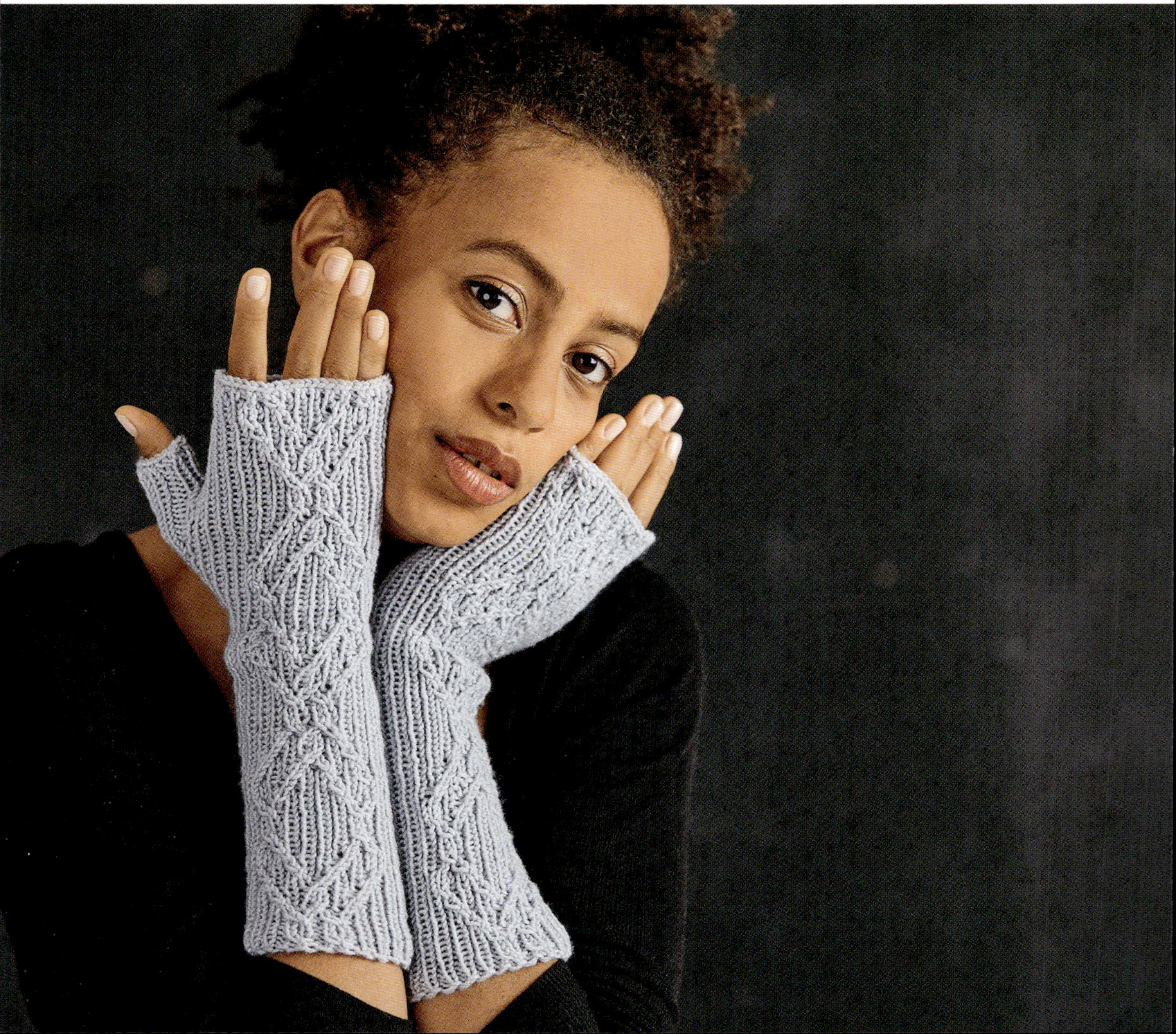

Maschenprobe: Mascheneinteilung, leicht gedehnt, 22,5 Maschen und 34,5 Runden = 10 x 10 cm

So wird's gemacht

Rechte Stulpe

Die Maschen der Handfläche sind auf der 1. und 2. Nadel und die Maschen des Handrückens auf der 3. und 4. Nadel.

50 (58) Maschen anschlagen und die Maschen gleichmäßig auf vier Nadeln verteilen – 12-13-12-13 (14-15-14-15) Maschen pro Nadel. Die Maschen wie folgt einteilen: 29 (33) Maschen Rippenmuster, dabei mit 1 Masche rechts, 1 Masche links beginnen, 17 Maschen Aranmuster, 4 (8) Maschen Rippenmuster, dabei mit 1 Masche rechts, 1 Masche links beginnen.

Nach 18 (16) cm = 62 (56) Runden ab Anschlag für den Daumenkeil die 4. Masche der 1. Nadel markieren und beidseitig der markierten Masche je 1 Masche aus dem Querfaden rechts verschränkt herausstricken = 3 Maschen Daumenkeil. * In der folgenden 3. Runde vor und nach den Daumenkeilmaschen je 1 Masche aus dem Querfaden mustergemäß verschränkt herausstricken, ab * 7 (8)x arbeiten = 17 (19) Daumenkeilmaschen. Die Daumenkeilmaschen erhöhen sich bei jeder Zunahmerunde um 2 Maschen. Über die Daumenkeilmaschen im Rippenmuster stricken. Die Daumenkeilmaschen stilllegen.

Dann über den stillgelegten Daumenkeilmaschen für den Daumensteg 5 (7) Maschen dazu anschlagen und 1 Runde stricken, dabei über die 5 (7) Stegmaschen im Rippenmuster stricken. * In der folgenden Runde die 1. Stegmasche mit der Masche davor links verschränkt zusammenstricken und die letzte Stegmasche mit der Masche danach links zusammenstricken. In der folgenden Runde die 1. Stegmasche mit der Masche davor rechts überzogen zusammenstricken (= 1 Masche wie zum Rechtsstricken abheben, 1 Masche rechts stricken, dann die abgehobene Masche überziehen) und die letzte Stegmasche mit der Masche danach rechts zusammenstricken. Ab * wiederholen, bis nur noch 1 Stegmasche übrig ist = 50 (58) Maschen. Nach 30 cm = 104 Runden ab Anschlag alle Maschen abketten.

Für den Daumen die stillgelegten 17 (19) Keilmaschen auf eine Nadel nehmen, 5 (7) Maschen aus dem Steg auffassen und = 22 (26) Maschen. Die Maschen gleichmäßig auf 3 Nadeln verteilen = 7-8-7 (9-8-9) Maschen pro Nadel. Im Rippenmuster stricken. * In der folgenden Runde die 1. Stegmasche mit der Masche davor links verschränkt zusammenstricken und die letzte Stegmasche mit der Masche danach links zusammenstricken. In der folgenden Runde die 1. Stegmasche mit der Masche davor rechts überzogen zusammenstricken und die letzte Stegmasche mit der Masche danach rechts zusammenstricken. Ab * wiederholen, bis nur noch 1 Stegmasche übrig ist = 18 (20) Maschen. In Höhe des obersten Daumengelenks alle Maschen abketten.

Linke Stulpe

Die Maschen des Handrückens sind auf der 1. und 2. Nadel und die Maschen der Handfläche auf der 3. und 4. Nadel. Für den Daumenkeil die viertletzte Masche der 4. Nadel markieren.

Strickschrift und Zeichenerklärung:
Siehe Seite 39.

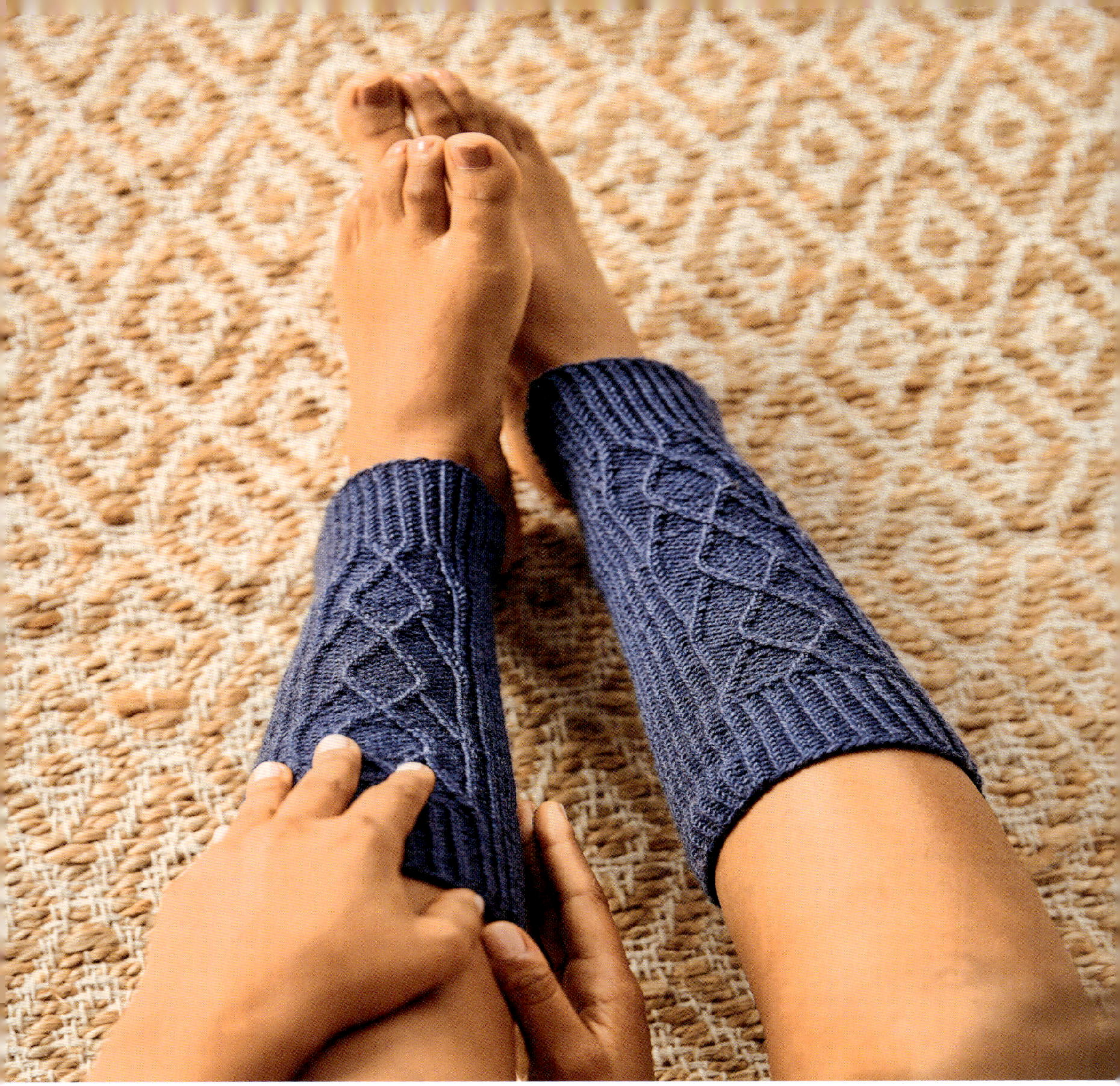

Strickschrift

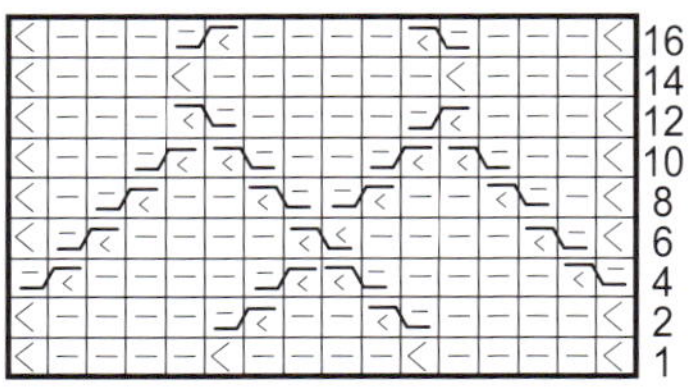

Zeichenerklärung

< = 1 Masche rechts verschränkt

– = 1 Masche links

= 1 Masche auf eine Hilfsnadel vor die Arbeit legen, 1 Masche rechts verschränkt stricken, dann die Masche der Hilfsnadel rechts verschränkt stricken

= 1 Masche auf eine Hilfsnadel vor die Arbeit legen, 1 Masche links stricken, dann die Masche der Hilfsnadel rechts verschränkt stricken

= 1 Masche auf eine Hilfsnadel hinter die Arbeit legen, 1 Masche rechts verschränkt stricken, dann die Masche der Hilfsnadel links stricken

MEERESWELLEN

Beinstulpen mit Rippen- und Zopfmuster ✶ ✶ ☆

Größe

22 cm Umfang, 28 cm Länge

Material

- Lang Yarns Merino 120 (100 % Schurwolle, Lauflänge 120 m/50 g): 100 g Dunkelblau (0234)
- Nadelspiel Nr. 3,5

Rippenmuster: 1 Masche links, 1 Masche rechts verschränkt im Wechsel stricken.

Zopf über 16 Maschen: Nach der Strickschrift arbeiten. Es ist die 1. Runde (= Grundrunde) und danach alle geraden Runden gezeichnet; in den ungeraden Runden die Maschen stricken, wie sie erscheinen. Die 1. – 17. Runde arbeiten, dann die 2. – 17. Runde stets wiederholen.

Maschenproben: Rippenmuster 27 Maschen und 34 Runden = 10 x 10 cm
Zopf 16 Maschen und 32 Runden = 5 x 10 cm

So wird's gemacht

Stulpe (2x)

70 Maschen anschlagen, die Maschen gleichmäßig auf vier Nadeln verteilen – 19-16-19-16 Maschen pro Nadel. 5 cm = 17 Runden im Rippenmuster stricken. Dann Maschen wie folgt einteilen: * 1 Masche links, 1 Masche rechts verschränkt, ab * 9x arbeiten, 1 Masche links, 16 Maschen Zopf, ab * 2x arbeiten. Achtung: Damit nun die rechts verschränkten Maschen des Bunds weiterlaufen, in der 1. Runde beim ersten Zopf die letzte Masche rechts verschränkt aus dem Querfaden herausstricken und beim zweiten Zopf die ersten 13 Maschen stricken, dann 2 Maschen links zusammenstricken, 1 Masche links, 1 Masche rechts verschränkt. Nach 17,5 cm = 59 Runden ab Bund weitere 5 cm = 17 Runden im Rippenmuster stricken, dabei in der 1. Runde beim ersten Zopf die letzten 2 Maschen rechts verschränkt zusammenstricken und beim zweiten Zopf vor den letzten 2 Maschen 1 Masche rechts verschränkt aus dem Querfaden zunehmen. Maschen abketten, wie sie erscheinen.

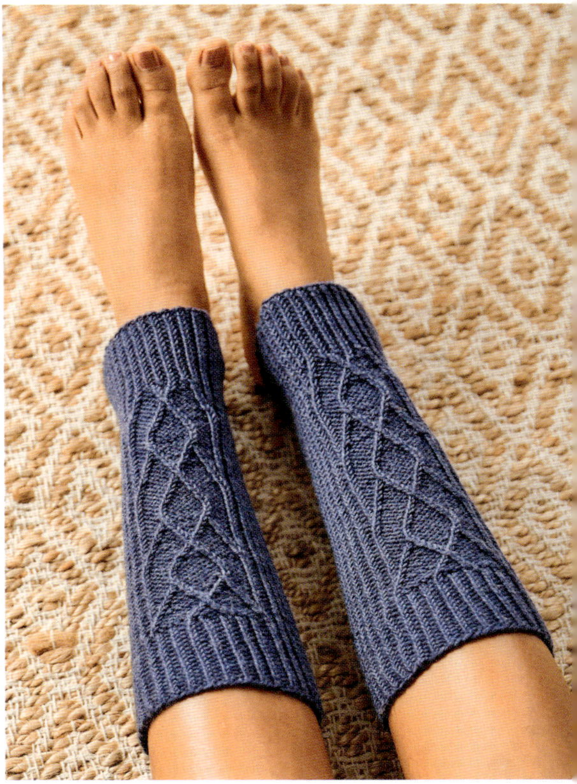

ALTROSÉ

Armstulpen mit Rippen- und Zopf-Ajourmuster ✶ ✶ ☆

Größe

19,5 (23,5) cm Umfang, 18 (19,5) cm Länge

Material

- Lang Yarns Merino 200 Bebe (100 % Schurwolle, Lauflänge 200 m/50 g): 50 g Flieder (0446)
- Nadelspiel Nr. 3

Rippenmuster: 2 Maschen rechts, 2 Maschen links im Wechsel stricken.

Ajourzopf über 22 Maschen: Nach der Strickschrift arbeiten. Es sind nur ungerade Runden gezeichnet; in den geraden Runden die Maschen stricken, wie sie erscheinen bzw. wie in der Zeichenerklärung angegeben. Die 1. – 30. Runde arbeiten, dann die 19. – 30. Runde stets wiederholen.

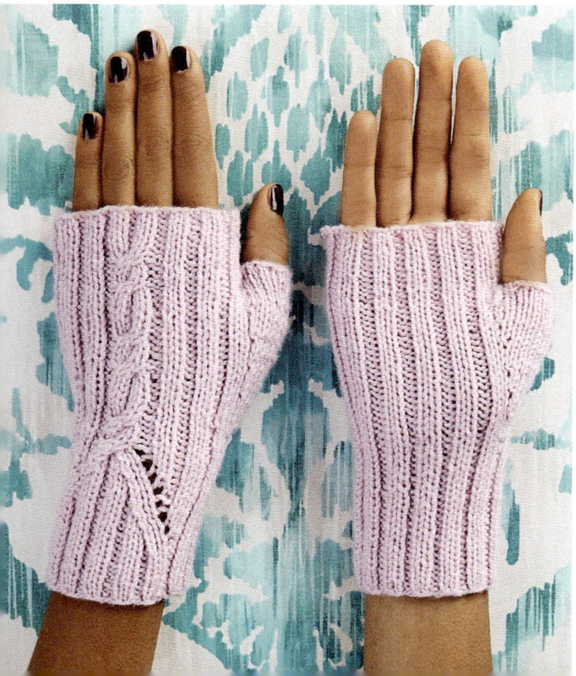

Glatt rechts: In Runden immer rechts stricken.

Maschenprobe: Rippenmuster 24 Maschen und 34,5 Reihen = 10 x 10 cm

So wird's gemacht

Linke Stulpe

Die Maschen der Handfläche sind auf der 1. und 2. Nadel, die Maschen des Handrückens auf der 3. und 4. Nadel. 52 (56) Maschen anschlagen, die Maschen gleichmäßig auf vier Nadeln verteilen – 13 (14) Maschen pro Nadel. Für den Bund 2,5 cm = 8 Runden im Rippenmuster stricken, dafür mit 2 Maschen links, 2 Maschen rechts (2 Maschen rechts, 2 Maschen links) beginnen. Dann die Maschen wie folgt einteilen: 28 (30) Maschen Rippenmuster, 22 Maschen Ajourzopf, 2 (4) Maschen Rippenmuster.

Nach 8,5 cm = 30 Runden ab Anschlag für den Daumenkeil die 4. (5.) Masche der 1. Nadel markieren und beidseitig der markierten Masche je 1 Masche aus dem Querfaden rechts verschränkt herausstricken = 3 Maschen Daumenkeil. * In der folgenden 3. Runde vor und nach den Daumenkeilmaschen je 1 Masche aus dem Querfaden rechts verschränkt herausstricken, ab * 5 (6)x arbeiten = 13 (15) Daumenkeilmaschen. Die Anzahl der Daumenkeilmaschen erhöht sich bei jeder Zunahmerunde um 2 Maschen. Über die Daumenkeilmaschen glatt rechts stricken. Die Daumenkeilmaschen stilllegen. Dann über den stillgelegten Daumenkeilmaschen für den Daumensteg 5 Maschen dazu anschlagen und 1 Runde stricken, dabei über die 5 Maschen des Daumenstegs glatt rechts

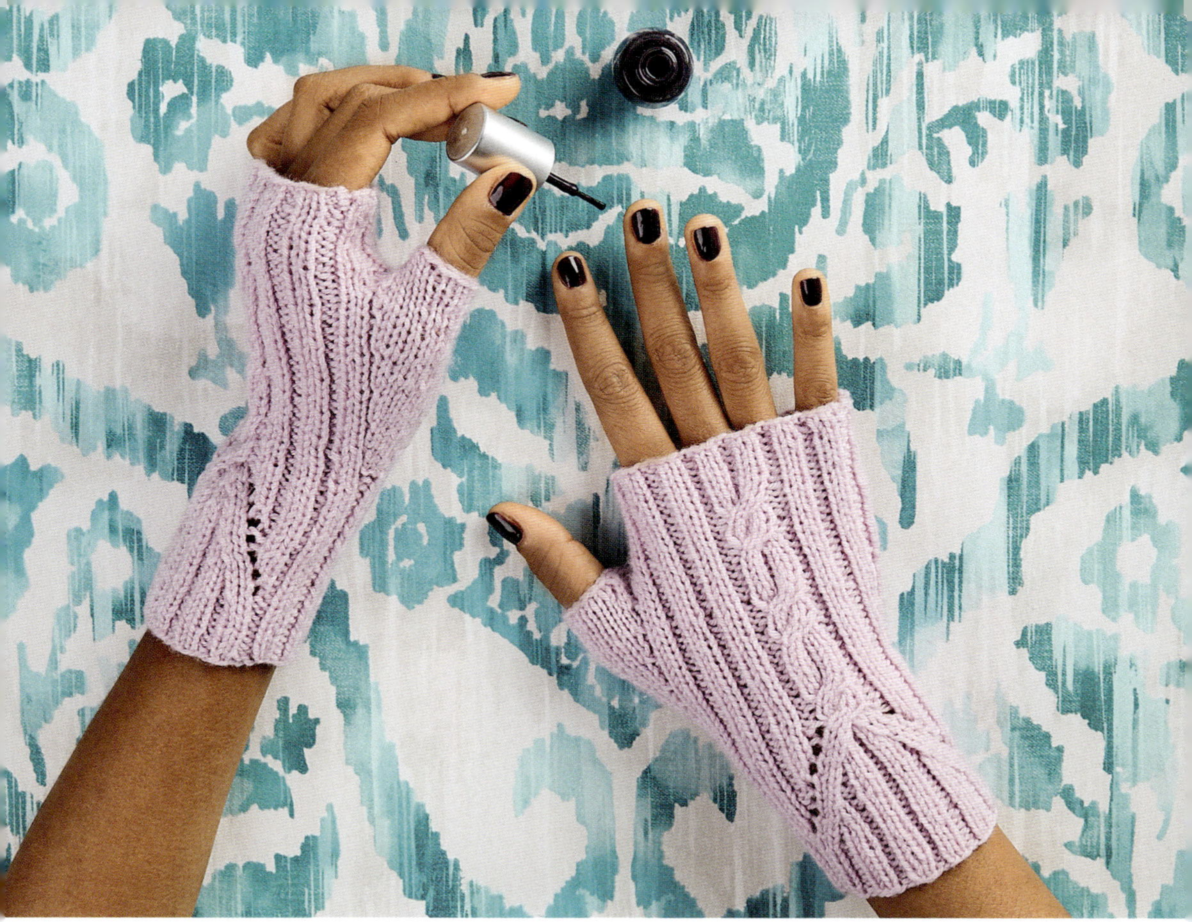

stricken. In der folgenden Runde die 1. Stegmasche mit der Masche davor rechts überzogen zusammenstricken (= 1 Masche wie zum Rechtsstricken abheben, 1 Masche rechts stricken, dann die abgehobene Masche überziehen) und die letzte Stegmasche mit der Masche danach rechts zusammenstricken. Diese Abnahmen in jeder Runde wiederholen, es bleibt noch 1 Stegmasche übrig = 52 (60) Maschen. Für die kleinere Größe nach 18 cm = 62 Runden ab Anschlag alle Maschen abketten; für die größere Größe nach 18 cm = 62 Runden noch 1,5 cm = 6 Runden das Rippenmuster fortsetzen, dann alle Maschen abketten.

Für den Daumen die stillgelegten 13 (15) Keilmaschen auf eine Nadel nehmen und 5 Maschen aus dem Steg auffassen = 18 (20) Maschen. Die Maschen gleichmäßig auf 3 Nadeln verteilen = 6 (7-6-7) Maschen pro Nadel. Glatt rechts stricken. In der folgenden Runde die 1. Stegmasche mit der Masche davor rechts überzogen zusammenstricken und die letzte Stegmasche mit der Masche danach rechts zusammenstricken. Diese Abnahmen in jeder Runde wiederholen, bis nur noch 1 Stegmasche übrig ist = 14 (16) Maschen. In Höhe des obersten Daumengelenks alle Maschen abketten.

Rechte Stulpe

Gegengleich arbeiten. Die Maschen des Handrückens sind auf der 1. und 2. Nadel, die Maschen der Handfläche auf der 3. und 4. Nadel. Für den Daumenkeil die viertletzte (fünftletzte) Masche der 4. Nadel markieren.

Strickschrift und Zeichenerklärung:

Siehe Seite 40.

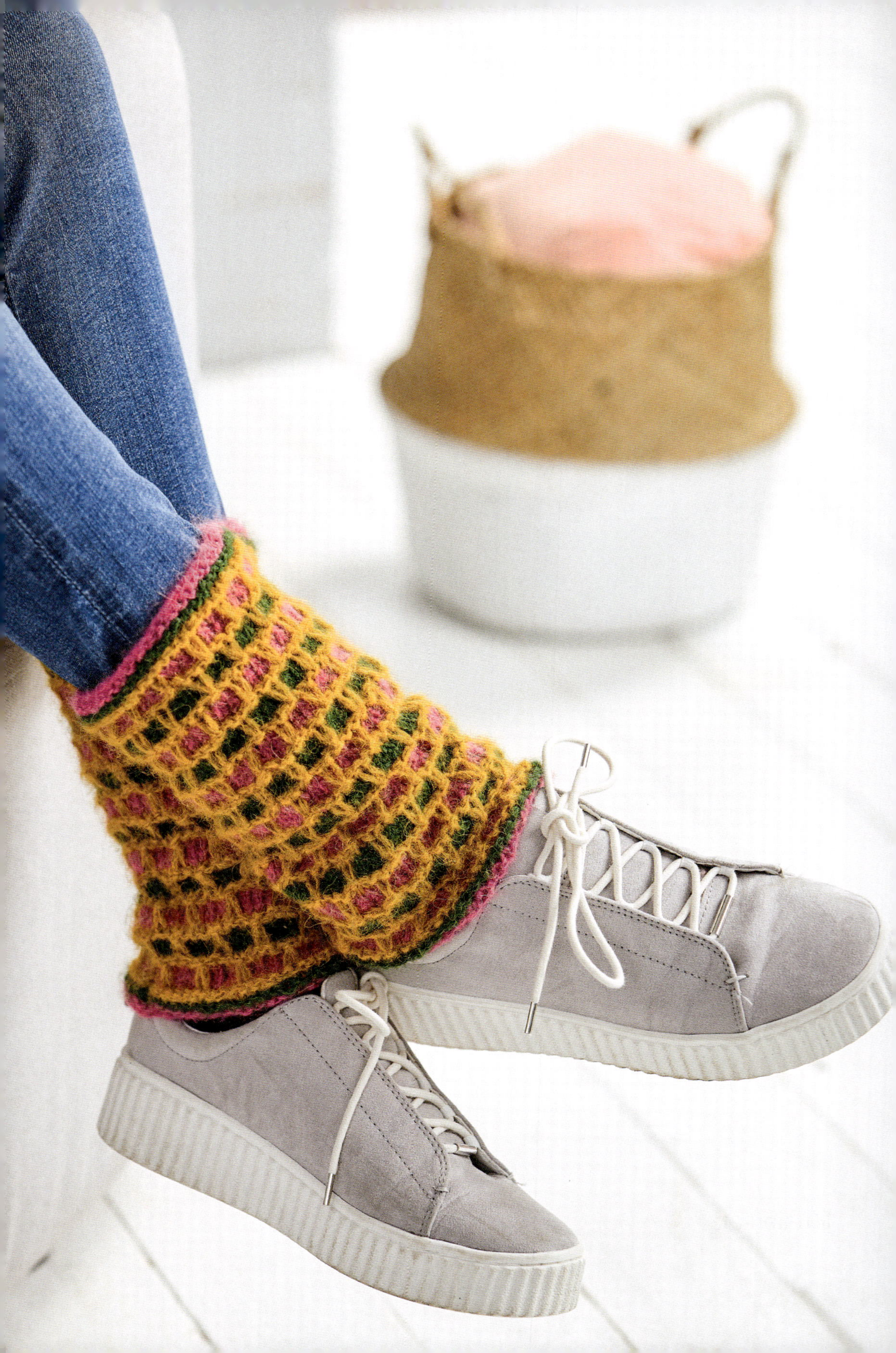

WABENMUSTER

Beinstulpen mit Hebemaschenmuster ✶ – ✶ ✶ ☆

Größe

28 (32) cm Umfang, 24,5 cm Länge

Material

- Lang Yarns Malou light (72 % Alpaka, 16 % Polyamid, 12 % Schurwolle, Lauflänge 190 m/50 g): je 50 g Senf (0013), Tanne (0017) und Zyklam (0085)
- Nadelspiel Nr. 4,5

Kraus rechts: In Runden 1 Runde rechts und 1 Runde links im Wechsel stricken.

Hebemaschenmuster: Maschenzahl teilbar durch 4. Nach der Strickschrift arbeiten. Den Mustersatz von 4 Maschen stets wiederholen. Die 1. – 12. Runde stets wiederholen.

Streifenfolge: * 2 Runden Senf, 4 Runden Zyklam, 2 Runden Senf, 4 Runden Tanne, ab * stets wiederholen.

Maschenprobe: Hebemaschenmuster 20 Maschen und 36 Runden = 10 x 10 cm

Strickschrift

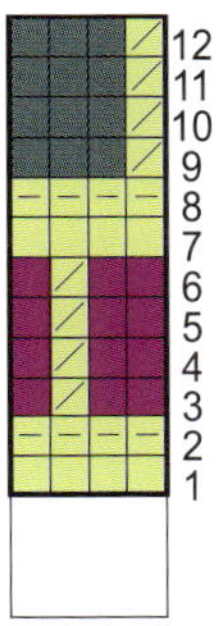

Mustersatz

Zeichenerklärung

- ▢ = Senf
- ▢ = Tanne
- ▢ = Zyklam
- ☐ = 1 Masche rechts
- ⊟ = 1 Masche links
- ⧄ = 1 Masche wie zum Linksstricken abheben, Faden hinter der Arbeit

So wird's gemacht

Rechte Stulpe

56 (64) Maschen in Zyklam anschlagen, die Maschen gleichmäßig auf vier Nadeln verteilen – 14 Maschen pro Nadel. Für die Blende 2 Runden kraus rechts in Zyklam und 2 Runde kraus rechts in Tanne stricken. Dann im Hebemaschenmuster in der Streifenfolge weiterarbeiten. Nach 21,5 cm = 78 Runden im Hebemaschenmuster je 2 Runden kraus rechts in Senf, in Tanne und in Zyklam stricken. Dann alle Maschen abketten.

Linke Stulpe

Ebenso arbeiten.

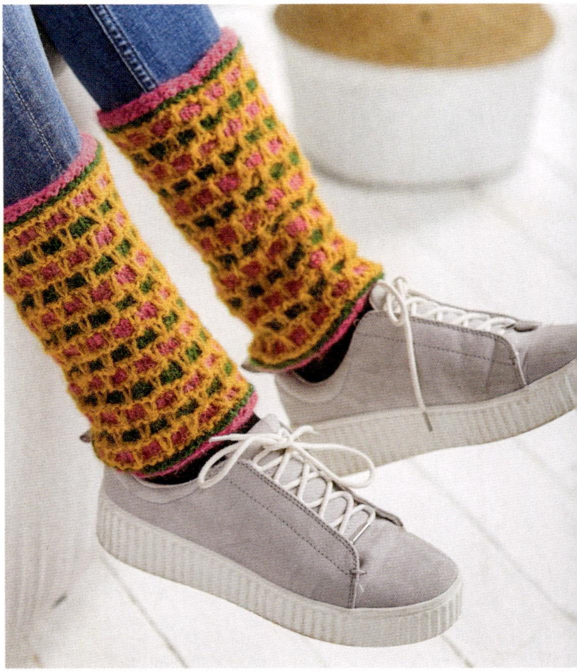

ZWEIFARBIGE WABEN

Armstulpen mit Hebemaschenmuster ✶ – ✶ ✶ ☆

Größe

19 (22) cm Umfang, 21 cm Länge

Material

- Lang Yarns Malou light (72 % Alpaka, 16 % Polyamid, 12 % Schurwolle): je 50 g Senf (0013) und Zyklam (0085)
- Nadelspiel Nr. 4,5

Kraus rechts: Hin- und Rückreihen rechts stricken.

Hebemaschenmuster: Maschenzahl teilbar durch 8 + 2 Randmaschen. Nach der Strickschrift arbeiten. Zwischen den Randmaschen den Mustersatz stets wiederholen. Die 1. – 12. Reihe stets wiederholen.

Steifenfolge A: * 2 Reihen Senf, 4 Reihen Zyklam, ab * stets wiederholen.

Steifenfolge B: * 2 Reihen Zyklam, 4 Reihen Senf, ab * stets wiederholen.

Maschenprobe: Hebemaschenmuster 18 Maschen und 36 Reihen = 10 x 10 cm

So wird's gemacht

Rechte Stulpe

17 (21) Maschen in Senf und 17 (21) Maschen in Zyklam anschlagen = 34 (42) Maschen. Beim Farbwechsel die Fäden auf der Rückseite der Arbeit miteinander verkreuzen. 3 Reihen kraus rechts stricken, dabei mit 1 Rückreihe beginnen und in den Farben der Anschlagsmaschen stricken.

Dann im Hebemaschenmuster weiterarbeiten, dabei über die ersten 17 (21) Maschen die Streifenfolge A und über die letzten 17 (21) Maschen die Streifenfolge B arbeiten. Nach 14 cm = 51 Reihen ab Anschlag für den Daumenschlitz die 7.- bis 12.-letzte (9.- bis 14.-letzte) Masche abketten und in der folgenden Reihe wieder dazu anschlagen. Nach 4 cm = 14 Reihen ab Daumenschlitz 2 Reihen kraus rechts stricken, dabei über die ersten 17 (21) Maschen in Zyklam und über die letzten 17 (21) Maschen in Senf stricken. Noch 2 Reihen kraus rechts stricken, dabei über die ersten 17 (21) Maschen in Senf und über die letzten 17 (21) Maschen in Zyklam stricken. Maschen abketten.

Linke Stulpe

Gegengleich arbeiten und für den Daumenschlitz die 7. bis 12. (9. bis 14.) Masche abketten.

Fertigstellung: Nähte schließen.

Strickschrift

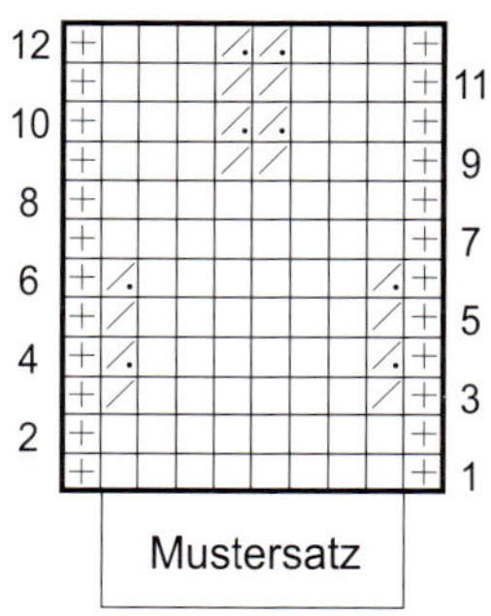

Zeichenerklärung

⊞ = Randmasche

□ = 1 Masche rechts

⧄ = 1 Masche wie zum Linksstricken abheben, Faden vor der Arbeit

⧄ = 1 Masche wie zum Linksstricken abheben, Faden hinter der Arbeit

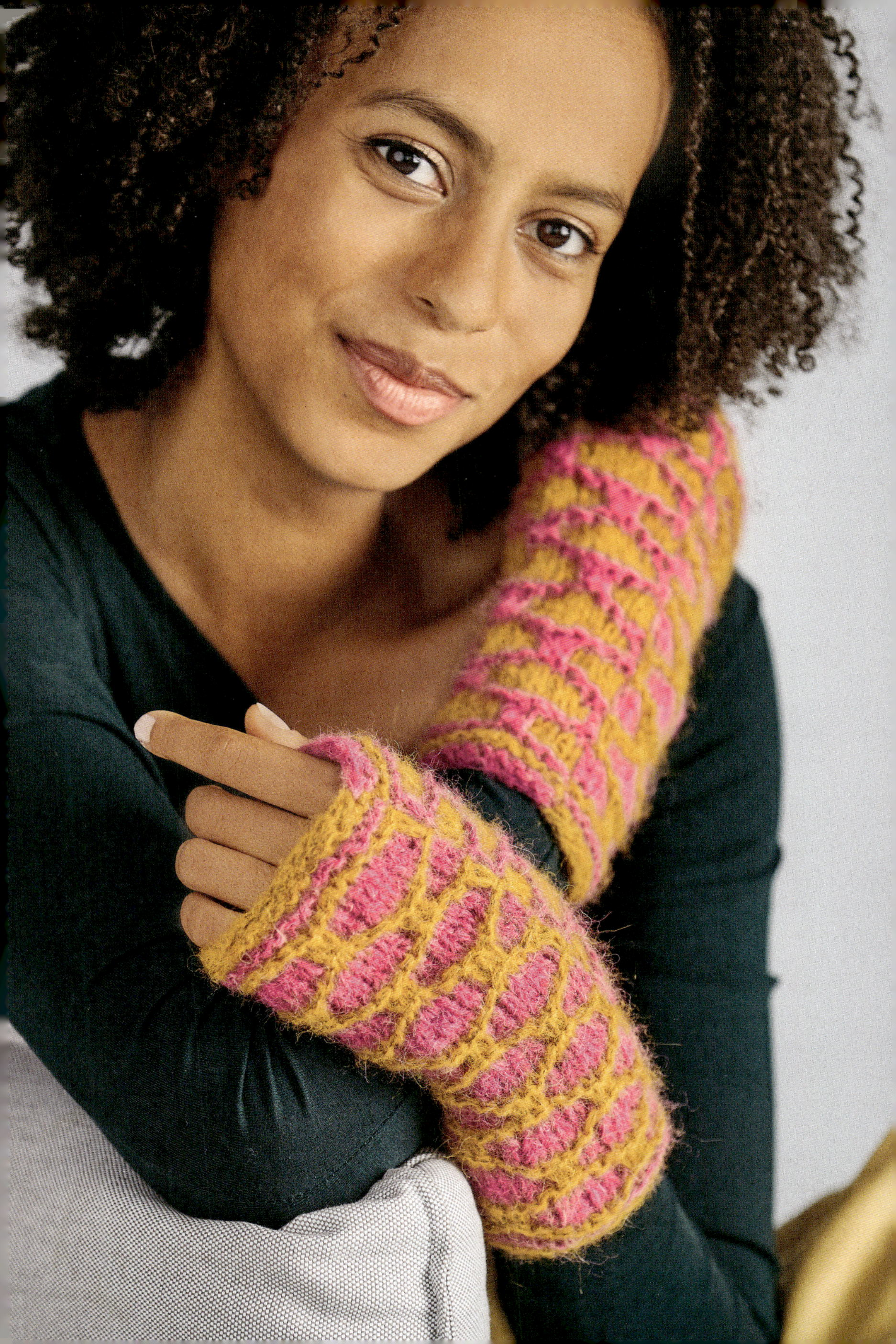

RAUTENMUSTER

Armstulpen mit Rippen- und Jacquardmuster ★ ★ ☆

Größe

18,5 cm Umfang, 21 cm Länge

Material

- Lang Yarns Merino 200 Bebe (100 % Schurwolle, Lauflänge 200 m/50 g): je 50 g Hellgrau (0303), Gelb (0313) und Mint (0474)
- Nadelspiel Nr. 3

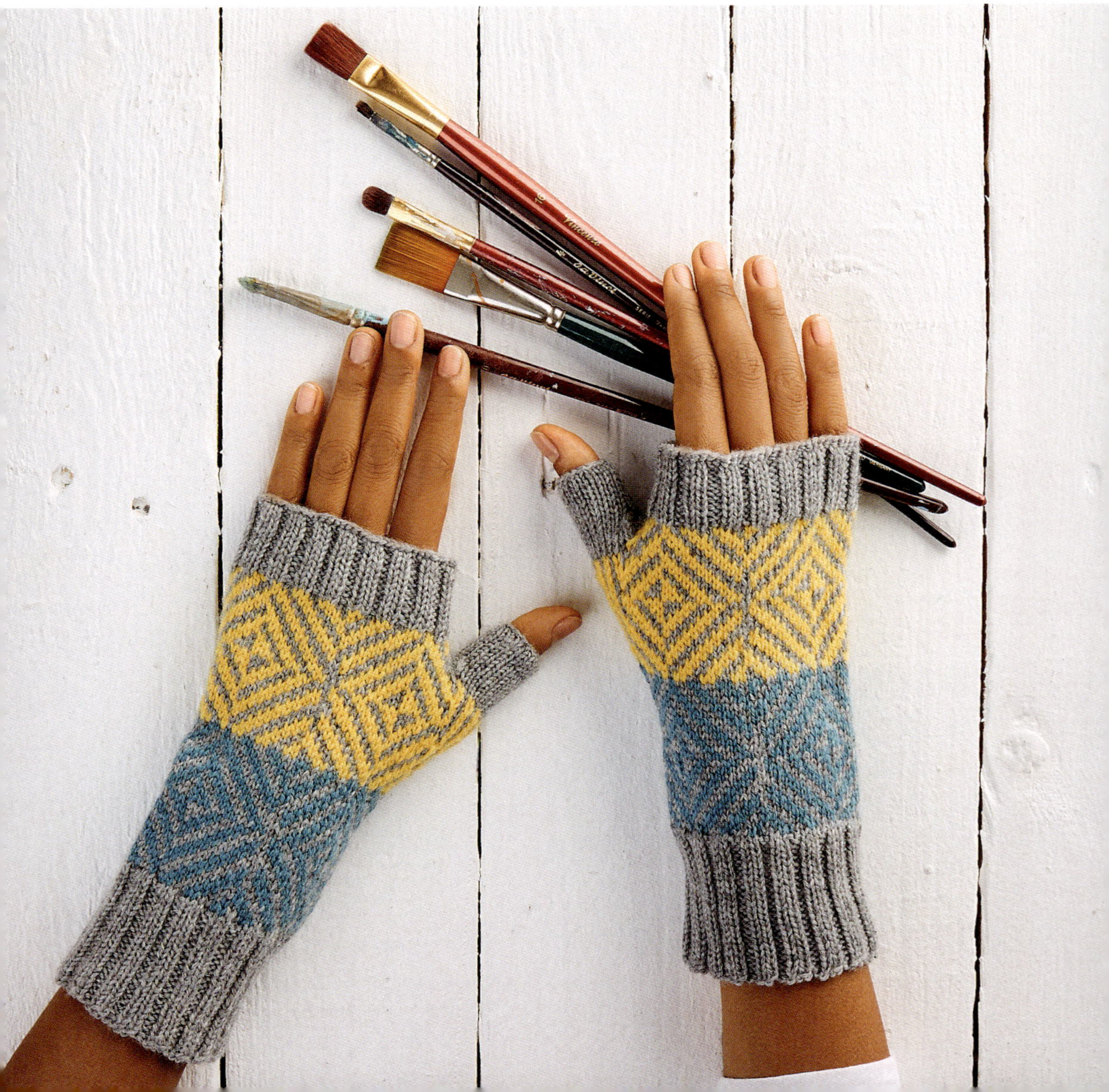

Rippenmuster: 2 Maschen rechts, 2 Maschen links im Wechsel stricken.
Glatt rechts: In Runden immer rechts stricken.
Jacquardmuster: Maschenzahl teilbar durch 22. Nach dem Zählmuster glatt rechts stricken. Den Mustersatz von 22 Maschen 3x arbeiten. Die 1. – 22. Runde 2x arbeiten, dabei in den ersten 22 Runden mit Akzentfarbe Mint und in den folgenden 22 Runden mit Akzentfarbe Gelb stricken = 44 Runden.
Maschenprobe: Jacquardmuster 36 Maschen und 37 Runden = 10 x 10 cm

So wird's gemacht

Rechte Stulpe

Die Maschen der Handfläche sind auf der 1. und 2. Nadel und die Maschen des Handrückens auf der 3. und 4. Nadel.

64 Maschen in Hellgrau anschlagen, die Maschen gleichmäßig auf vier Nadeln verteilen – 16 Maschen pro Nadel. Für den Bund 6 cm = 22 Runden im Rippenmuster stricken. Dann im Jacquardmuster weiterarbeiten, dabei in der 1. Runde gleichmäßig verteilt 2 Maschen zunehmen = 66 Maschen.

Nach 4,5 cm = 17 Runden ab Bund für den Daumenkeil die 4. Masche der 1. Nadel markieren und beidseitig der markierten Masche je 1 Masche aus dem Querfaden rechts verschränkt in Hellgrau herausstricken = 3 Daumenkeilmaschen. Über die Daumenkeilmaschen glatt rechts abwechselnd 1 Masche in Hellgrau und 1 Masche in Akzentfarbe stricken. * In der folgenden 3. Runde vor und nach den Daumenkeilmaschen je 1 Masche aus dem Querfaden rechts verschränkt herausstricken, ab * 7 x arbeiten = 17 Daumenkeilmaschen. Die Anzahl der Daumenkeilmaschen erhöht sich bei jeder Zunahmerunde um 2 Maschen. Die Daumenkeilmaschen stilllegen.

Dann über den stillgelegten Daumenkeilmaschen für den Daumensteg 9 Maschen in Hellgrau dazu anschlagen und 1 Runde stricken, dabei über die 9 Maschen des Daumenstegs glatt rechts stricken und den Farbwechsel des Daumenkeils fortsetzen. In der folgenden Runde die 1. Stegmasche mit der Masche davor rechts überzogen zusammenstricken (= 1 Masche wie zum Rechtsstricken abheben, 1 Masche rechts stricken, dann die abgehobene Masche überziehen) und die letzte Stegmasche mit der Masche danach rechts zusammenstricken. Diese Abnahme in jeder Runde ebenso arbeiten, bis nur noch 1 Stegmasche übrig ist = 66 Maschen. Nach den 44 Runden des Jacquardmusters 1 Runde glatt rechts in Hellgrau stricken, dabei gleichmäßig verteilt 2 Maschen abnehmen = 64 Maschen. Danach 3 cm = 12 Runden im Rippenmuster in Hellgrau stricken. Maschen abketten.

Für den Daumen die stillgelegten 17 Keilmaschen auf eine Nadel nehmen und 9 Maschen aus dem Steg in Hellgrau auffassen und = 26 Maschen. Die Maschen gleichmäßig auf 3 Nadeln verteilen = 8-9-9 Maschen pro Nadel. Glatt rechts in Hellgrau stricken. In der folgenden Runde die 1. Stegmasche mit der Masche davor rechts überzogen zusammenstricken und die letzte Stegmasche mit der Masche danach rechts zusammenstricken. Diese Abnahmen in jeder Runde ebenso arbeiten, bis nur noch 1 Stegmasche übrig ist = 18 Maschen. In Höhe des obersten Daumengelenks alle Maschen abketten.

Linke Stulpe

Genauso arbeiten, jedoch für den Daumenkeil die 4.-letzte Masche der 4. Nadel markieren.

Zählmuster und Zeichenerklärung:

Siehe Seite 40.

SKANDINAVISCH

Armstulpen mit Rippen- und Jacquardmuster ✶ ✶ ☆

Größe

19 (22,5) cm Umfang, 20 cm Länge

Material

- Lang Yarns Merino 200 Bebe (100 % Schurwolle, Lauflänge 200 m/50 g): je 50 g Natur (0301), Türkis (0370), Orange (0359) und Grün (0316)
- Nadelspiel Nr. 3

Rippenmuster: 1 Masche rechts, 1 Masche links im Wechsel stricken.
Glatt rechts: In Runden immer rechts stricken.
Kraus rechts: 1 Runde rechts, 1 Runde links im Wechsel stricken.
Jacquardmuster: Maschenzahl teilbar durch 4. Nach dem Zählmuster glatt rechts arbeiten. Den Mustersatz von 4 Maschen stets wiederholen. Die 1. – 17. Runde arbeiten, dann die 16. und 17. Runde 14 (16)x wiederholen, danach die 46. – 52. Runde arbeiten = 52 (56) Runden.
Maschenprobe: Jacquardmuster 32 Maschen und 34 Runden = 10 x 10 cm

So wird's gemacht

Rechte Stulpe

60 (72) Maschen in Natur anschlagen, die Maschen gleichmäßig auf vier Nadeln verteilen – 15 (18) Maschen pro Nadel. Für den Bund 5 cm = 17 Runden im Rippenmuster stricken. Dann 2 Runden kraus rechts stricken, danach im Jacquardmuster weiterarbeiten.

Nach 4,5 cm = 15 Runden ab Bund für den Daumenkeil die 4. Masche der 1. Nadel markieren und beidseitig der markierten Masche je 1 Masche aus dem Querfaden rechts verschränkt in Natur herausstricken = 3 Daumenkeilmaschen. Die folgenden Zunahmen wie folgt stricken: * In der folgenden 3. Runde vor und nach den Daumenkeilmaschen je 1 Masche aus dem Querfaden rechts verschränkt herausstricken, ab * 7 (9) x arbeiten = 17 (21) Daumenkeilmaschen. Die Anzahl der Daumenkeilmaschen erhöht sich bei jeder Zunahmerunde um 2 Maschen. Über die Daumenkeilmaschen glatt rechts stricken, dabei je 1 Masche in Natur und Türkis im Wechsel arbeiten und die Farben in jeder Runde versetzen. Die Daumenkeilmaschen stilllegen.
Dann über den stillgelegten Daumenkeilmaschen für den Daumensteg insgesamt 9 Maschen, und zwar je 1 Masche in Natur und Türkis im Wechsel dazu anschlagen und 1 Runde stricken, dabei über die 9 Maschen des Daumenstegs glatt rechts stricken und dabei je 1 Masche in Türkis und Natur im Wechsel arbeiten und die Farben in jeder Runde versetzen. In der folgenden Runde die 1. Stegmasche mit der Masche davor rechts überzogen zusammenstricken (= 1 Masche wie zum Rechtsstricken abheben, 1 Masche rechts stricken, dann die abgehobene Masche überziehen) und die letzte Stegmasche mit der Masche danach rechts zusammenstricken. Diese Abnahmen in jeder Runde ebenso arbeiten, bis nur noch 1 Masche des Stegs übrig ist = 60 (72) Maschen. Nach den 52 (56) Runden des

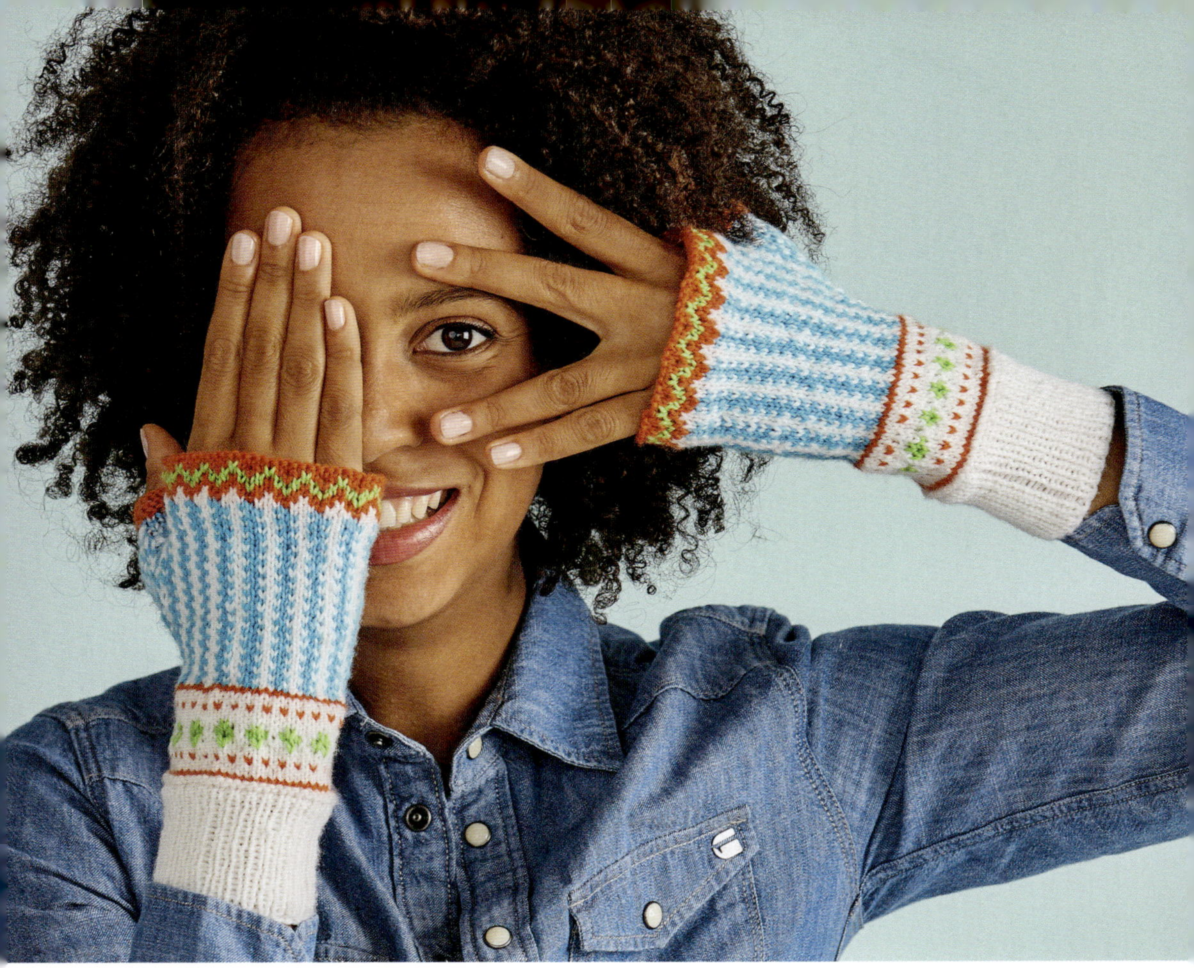

Jacquardmusters in Orange weiterarbeiten und für den Umbruch 1 Runde links und danach 8 Runden glatt rechts stricken. Dann Maschen abketten.

Für den Daumen die stillgelegten 17 (21) Keilmaschen auf eine Nadel nehmen und 9 Maschen aus dem Steg, und zwar je 1 Masche in Natur und Türkis im Wechsel, auffassen = 26 (30) Maschen. Die Maschen gleichmäßig auf 3 Nadeln verteilen = 8-9-9 (10) Maschen pro Nadel. Glatt rechts stricken, dabei je 1 Masche in Türkis und Natur im Wechsel arbeiten und die Farben in jeder Runde versetzen. In der folgenden Runde die 1. Stegmasche mit der Masche davor rechts überzogen zusammenstricken und die letzte Stegmasche mit der Masche danach rechts zusammenstricken. Diese Abnahmen in jeder Runde ebenso arbeiten, bis nur noch 1 Stegmasche übrig ist = 18 (22) Maschen. 1 cm unterhalb des obersten Daumengelenks noch 6 Runden kraus rechts in Orange stricken. Maschen abketten.

Linke Stulpe

Ebenso arbeiten.

Fertigstellung:

Den oberen Stulpenrand jeweils am Umbruch nach innen umschlagen und mit Überwendlingstichen annähen.

Strickschrift und Zeichenerklärung:

Siehe Seite 40.

NORWEGISCH

Armstulpen mit Jacquardmuster ✶ ✶ ☆

Größe

18 (22) cm Umfang, 23,5 cm Länge

Material

- Lang Yarns Cashmere Premium (100 % Kaschmir, Lauflänge 115 m/25 g): 50 g Rosa (0019) und 25 g Natur (0002)
- Nadelspiel Nr. 3,5

Glatt rechts: In Runden immer rechts stricken.
Kraus rechts: In Runden 1 Runde rechts und 1 Runde links im Wechsel stricken.

Jacquardmuster A: Maschenzahl teilbar durch 12. Nach dem Zählmuster A glatt rechts stricken. Den Mustersatz von 12 Maschen stets wiederholen. Die 1. – 24. Runde arbeiten.
Jacquardmuster B: Maschenzahl teilbar durch 6. Nach dem Zählmuster B glatt rechts stricken. Den Mustersatz von 6 Maschen stets wiederholen. Die 1. – 12. Runde arbeiten.
Jacquardmuster C: Maschenzahl teilbar durch 12. Nach dem Zählmuster C glatt rechts stricken. Den Mustersatz von 12 Maschen stets wiederholen. Die 1. – 28. Runde arbeiten.

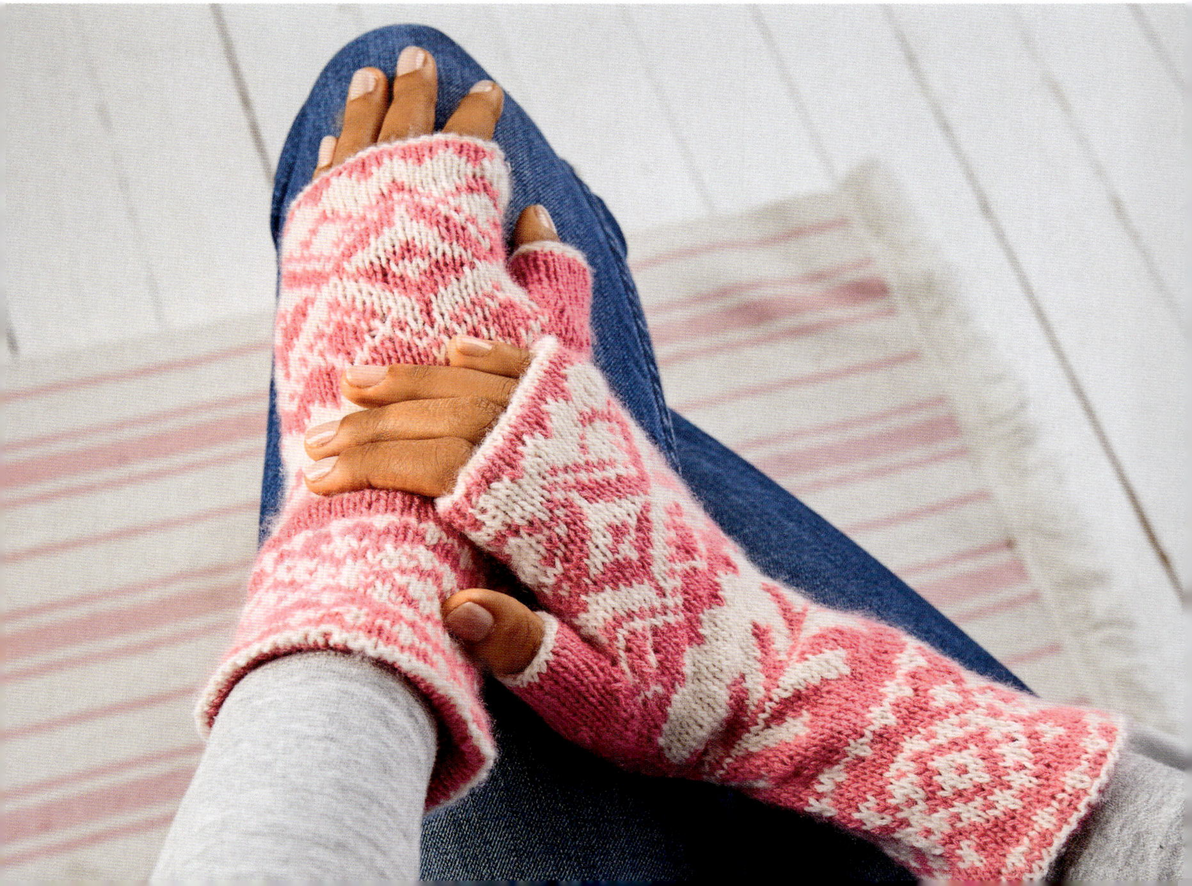

Muster- und Farbfolge:
6 Runden glatt rechts in Rosa, 2 Runden kraus rechts in Natur = Umbruch, 24 Runden Jacquardmuster A, 5 Runden glatt rechts in Rosa, 12 Runden Jacquardmuster B, 5 Runden glatt rechts in Natur, 28 Runden Jacquardmuster C, 2 Runden glatt rechts in Rosa, 2 Runden kraus rechts in Natur = Umbruch, 6 Runden glatt rechts in Rosa = 92 Runden.

Maschenprobe: Muster- und Farbfolge 27 Maschen und 34 Runden = 10 x 10 cm

So wird's gemacht

Rechte Stulpe

Die Maschen der Handfläche sind auf der 1. und 2. Nadel und die Maschen des Handrückens auf der 3. und 4. Nadel.

48 (60) Maschen in Rosa anschlagen, die Maschen gleichmäßig auf vier Nadeln verteilen – 12 (15) Maschen pro Nadel. In der Muster- und Farbfolge stricken.

Nach 12 (10,5) cm = 37 (33) Runden ab Umbruch für den Daumenkeil die 4. Masche der 1. Nadel markieren und beidseitig der markierten Masche je 1 Masche aus dem Querfaden rechts verschränkt herausstricken = 3 Maschen Daumenkeil. Über die Daumenkeilmaschen in Rosa stricken, dabei den naturfarbenen Faden immer mal wieder auf der Rückseite einweben. * In der folgenden 3. Runde vor und nach den Daumenkeilmaschen je 1 Masche aus dem Querfaden rechts verschränkt herausstricken, ab * 6 (8) x arbeiten = 15 (19) Daumenkeilmaschen. Die Anzahl der Daumenkeilmaschen erhöht sich bei jeder Zunahmerunde um 2 Maschen. Die Daumenkeilmaschen stilllegen.

Dann über den stillgelegten Daumenkeilmaschen für den Daumensteg 5 (9) Maschen in Rosa dazu anschlagen und 1 Runde stricken, dabei über die 5 (9) Maschen des Daumenstegs in Rosa stricken. In der folgenden Runde die 1. Stegmasche mit der Masche davor rechts überzogen zusammenstricken (= 1 Masche wie zum Rechtsstricken abheben, 1 Masche rechts stricken, dann die abgehobene Masche überziehen) und die letzte Stegmasche mit der Masche danach rechts zusammenstricken. Diese Abnahmen in jeder Runde ebenso arbeiten, bis nur noch 1 Stegmasche übrig ist = 48 (60) Maschen. Nach den 92 Runden der Muster- und Farbfolge die Maschen abketten.

Für den Daumen die stillgelegten 15 (19) Keilmaschen auf eine Nadel nehmen und 5 (9) Maschen aus dem Steg in Rosa auffassen = 20 (28) Maschen. Die Maschen gleichmäßig auf 3 Nadeln verteilen = 7-6-7 (9-10-9) Maschen pro Nadel. Glatt rechts in Rosa stricken. In der folgenden Runde die 1. Stegmasche mit der Masche davor rechts überzogen zusammenstricken und die letzte Stegmasche mit der Masche danach rechts zusammenstricken. Diese Abnahmen in jeder Runde ebenso arbeiten, bis nur noch 1 Stegmasche übrig ist = 16 (20) Maschen. In Höhe des obersten Daumengelenks alle Maschen in Natur links abketten.

Linke Stulpe

Genauso arbeiten, jedoch für den Daumenkeil die 4.-letzte Masche der 4. Nadel markieren.

Fertigstellung: Den oberen und unteren Stulpenrand jeweils am Umbruch nach innen umschlagen und mit lockeren Überwendlingstichen annähen.

Zählmuster und Zeichenerklärung:
Siehe Seite 41.

Strickschrift und Zeichenerklärung zu Seite 12–13

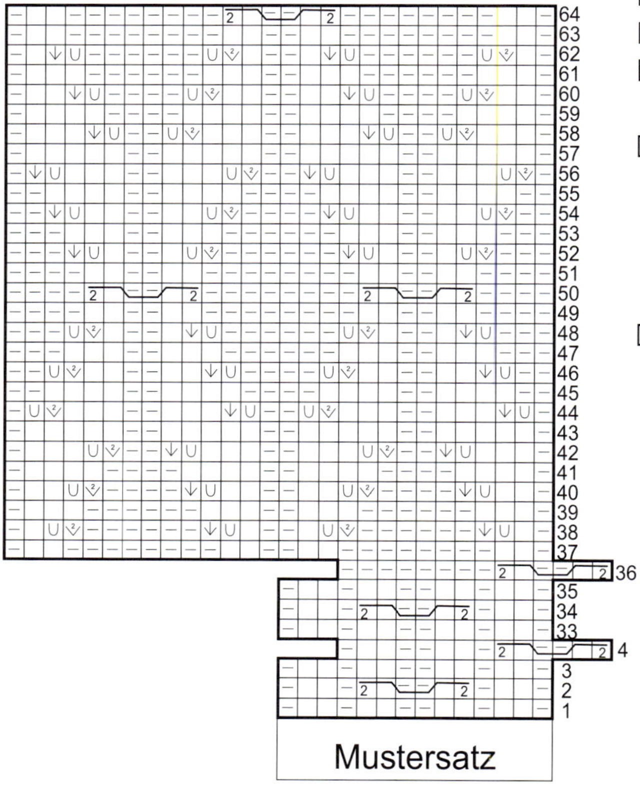

Zeichenerklärung

□ = 1 Masche rechts

⊟ = 1 Masche links

U = 1 Umschlag

= 2 Maschen rechts zusammenstricken

= 2 Maschen rechts überzogen zusammenstricken (= 1 Masche wie zum Rechtsstricken abheben, 1 Masche rechts stricken, dann die abgehobene Masche überziehen)

= 2 Maschen auf eine Hilfsnadel vor die Arbeit legen, 2 Maschen auf eine zweite Hilfsnadel hinter die Arbeit legen, 2 Maschen rechts stricken, dann die Maschen der zweiten Hilfsnadel links stricken und die Maschen der ersten Hilfsnadel rechts stricken

Strickschrift und Zeichenerklärung zu Seite 16–17

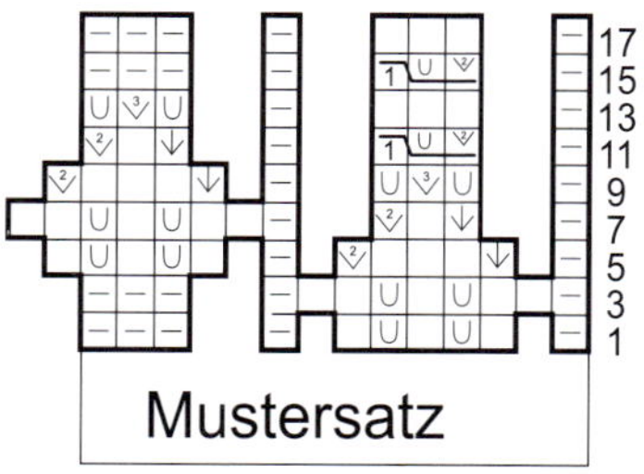

Zeichenerklärung

□ = 1 Masche rechts

⊟ = 1 Masche links

U = 1 Umschlag

= 2 Maschen rechts zusammenstricken

= 2 Maschen rechts überzogen zusammenstricken (= 1 Masche wie zum Rechtsstricken abheben, 1 Masche rechts stricken, dann die abgehobene Masche überziehen)

= 3 Maschen rechts zusammenstricken

= 1 Masche auf eine Hilfsnadel vor die Arbeit legen, 2 Maschen rechts zusammenstricken, 1 Umschlag, dann die Masche der Hilfsnadel rechts stricken

Strickschrift und Zeichenerklärung zu Seite 20–21

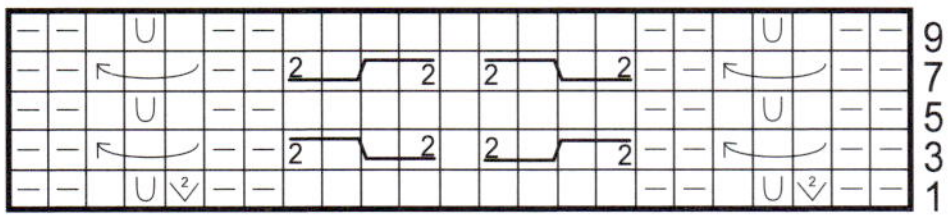

Zeichenerklärung

□ = 1 Masche rechts

⊟ = 1 Masche links

U = 1 Umschlag

⩗ = 2 Maschen rechts zusammenstricken

= 2 Maschen auf eine Hilfsnadel vor die Arbeit legen, 2 Maschen rechts stricken, dann die Maschen der Hilfsnadel rechts stricken

= 2 Maschen auf eine Hilfsnadel hinter die Arbeit legen, 2 Maschen rechts stricken, dann die Maschen der Hilfsnadel rechts stricken

= 1 Masche abheben (Faden hinter der Arbeit), 2 Maschen rechts stricken, dann die abgehobene Masche überziehen

Strickschrift und Zeichenerklärung zu Seite 22–23

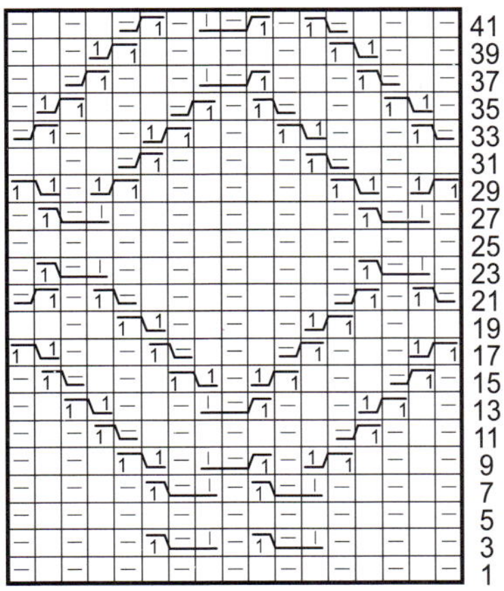

Zeichenerklärung

□ = 1 Masche rechts

⊟ = 1 Masche links

= 1 Masche auf eine Hilfsnadel hinter die Arbeit legen, 1 Masche rechts stricken, dann die Masche der Hilfsnadel rechts stricken

= 1 Masche auf eine Hilfsnadel vor die Arbeit legen, 1 Masche rechts stricken, dann die Masche der Hilfsnadel rechts stricken

= 1 Masche auf eine Hilfsnadel hinter die Arbeit legen, 1 Masche rechts stricken, dann die Masche der Hilfsnadel links stricken

= 1 Masche auf eine Hilfsnadel vor die Arbeit legen, 1 Masche links stricken, dann die Masche der Hilfsnadel rechts stricken

= 1 Masche auf eine Hilfsnadel vor die Arbeit legen, 1 Masche rechts und 1 Masche links stricken, dann die Masche der Hilfsnadel rechts stricken

= 2 Maschen auf eine Hilfsnadel hinter die Arbeit legen, 1 Masche rechts stricken, dann die Maschen der Hilfsnadel wie folgt stricken: 1 Masche links und 1 Masche rechts

Strickschrift und Zeichenerklärung zu Seite 26–27

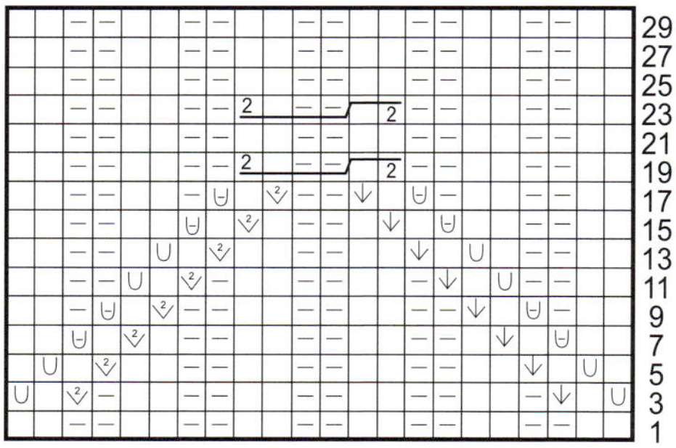

Zeichenerklärung

= 1 Masche rechts

= 1 Masche links

= 1 Umschlag (in der folgenden Runde rechts stricken)

= 1 Umschlag (in der folgenden Runde links stricken)

= 2 Maschen rechts zusammenstricken

= 2 Maschen rechts überzogen zusammenstricken (= 1 Masche wie zum Rechtsstricken abheben, 1 Masche rechts stricken, dann die abgehobene Masche überziehen)

= 4 Maschen auf eine Hilfsnadel hinter die Arbeit legen, 2 Maschen rechts stricken, dann die Maschen der Hilfsnadel wie folgt stricken: 2 Maschen links, 2 Maschen rechts.

Zählmuster und Zeichenerklärung zu Seite 32–33

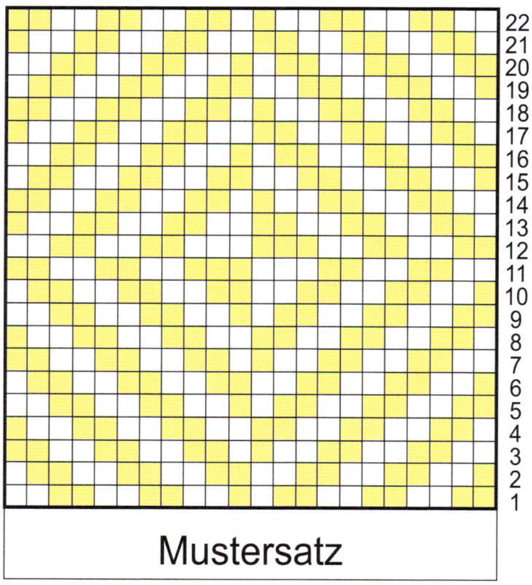

Zeichenerklärung

= 1 Masche Hellgrau

= 1 Masche Akzentfarbe

Strickschrift und Zeichenerklärung zu Seite 34–35

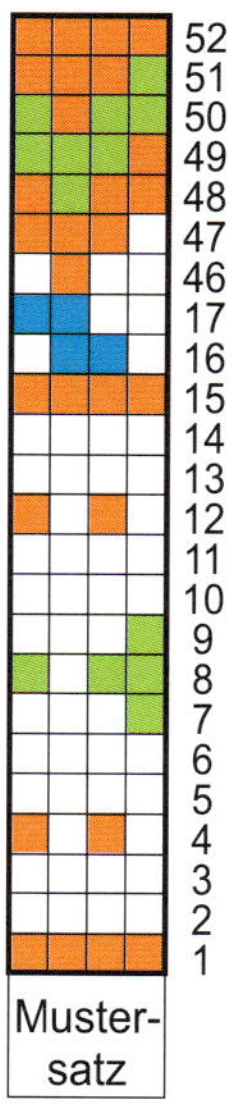

Zeichenerklärung

= 1 Masche Natur

= 1 Masche Orange

= 1 Masche Grün

= 1 Masche Türkis

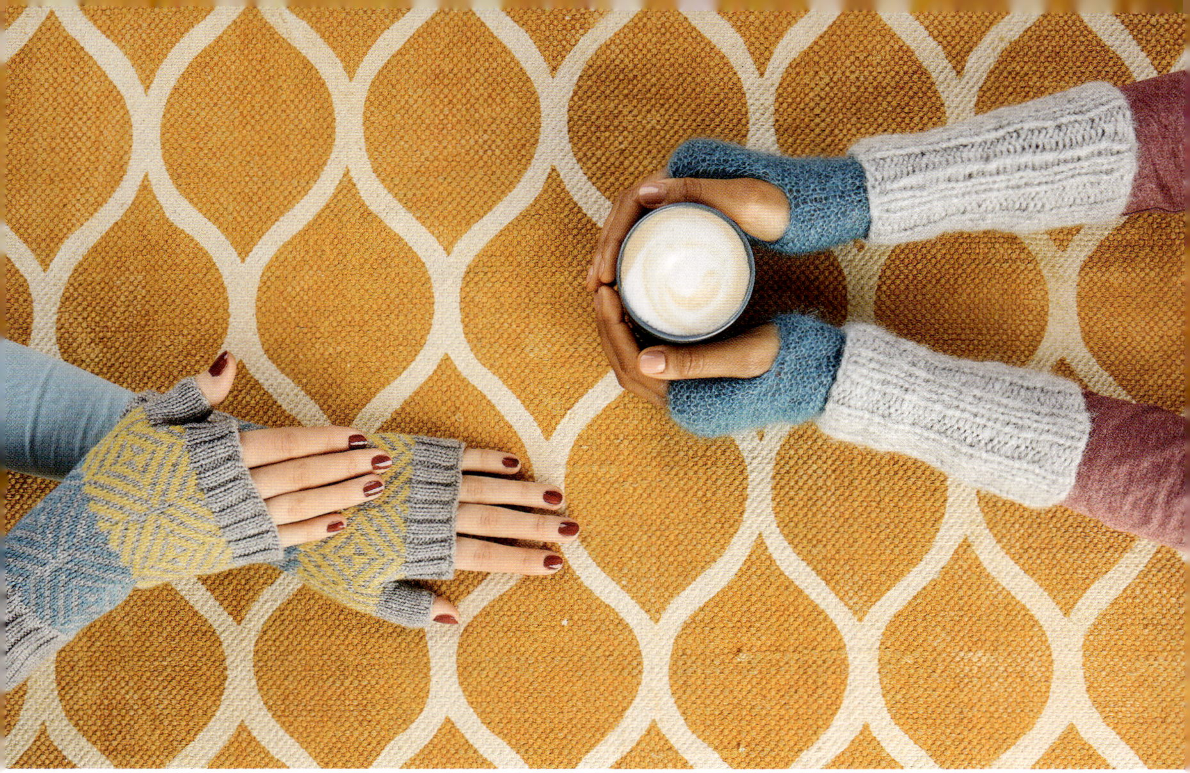

Zählmuster und Zeichenerklärung zu Seite 36–37

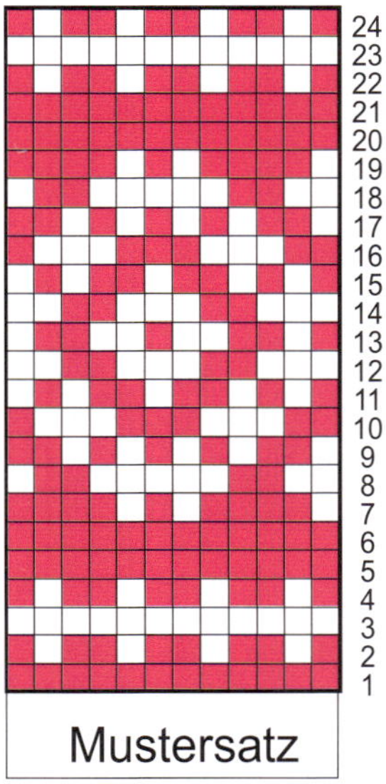

A

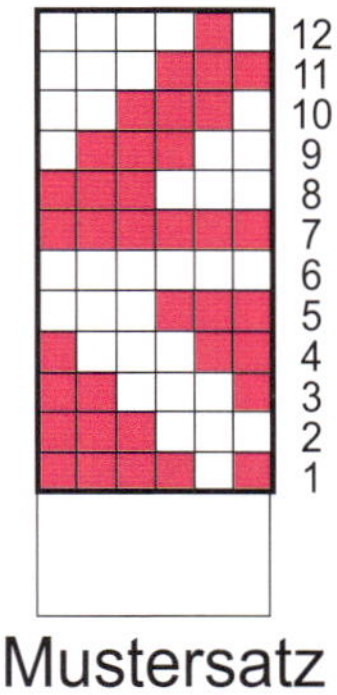

B

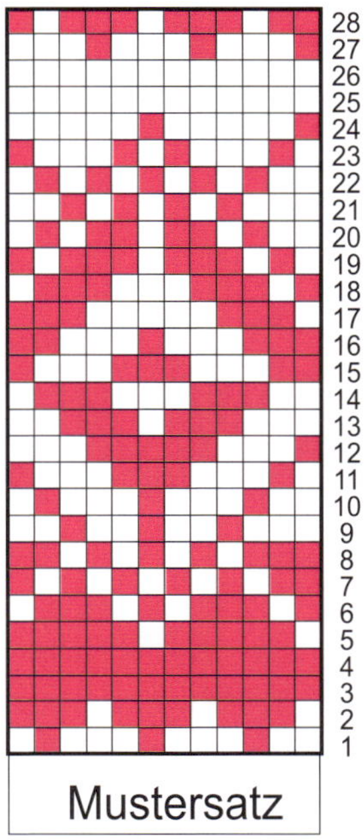

C

Zeichenerklärung

- □ = 1 Masche in Natur
- ■ = 1 Masche in Rosa

GRUNDKURS STRICKEN

Rechts verschränkte Masche

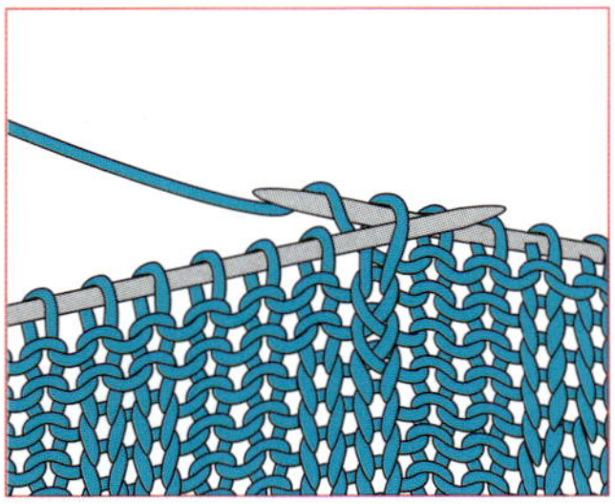

Von vorn nach hinten in das hintere Maschenglied einstechen und wie beim Rechtsstricken weiterarbeiten.

2 Maschen rechts zusammenstricken

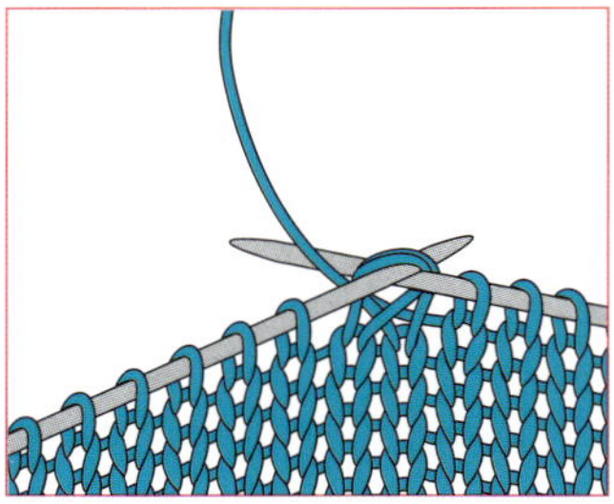

Der Faden liegt hinter der Arbeit. Mit der rechten Nadel von links nach rechts wie zum Rechtsstricken in die beiden Maschen zugleich einstechen.

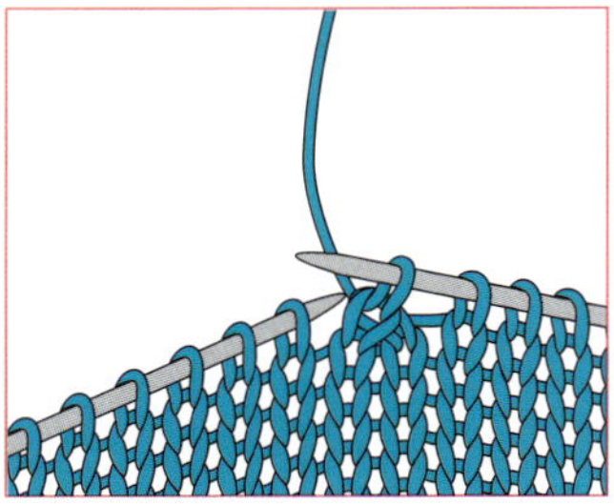

Den Faden holen und nach vorn durch beide Maschen ziehen. Die Maschen von der linken Nadel gleiten lassen.

1 Masche rechts verschränkt zunehmen

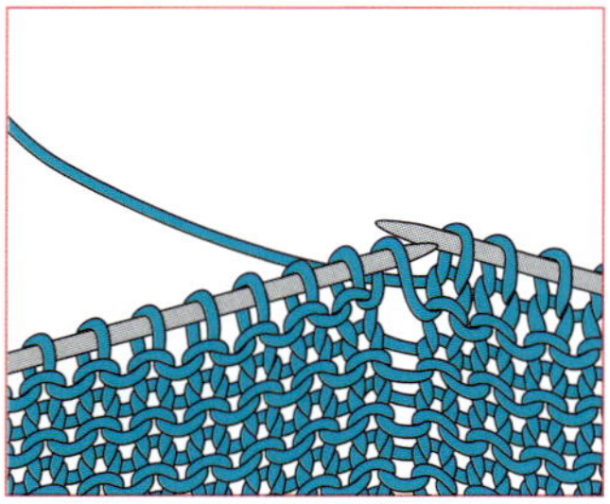

Der Arbeitsfaden liegt hinten. Mit der linken Nadel von vorn nach hinten unter dem Querfaden zwischen 2 Maschen einstechen, sodass der Querfaden auf der Nadelspitze liegt.

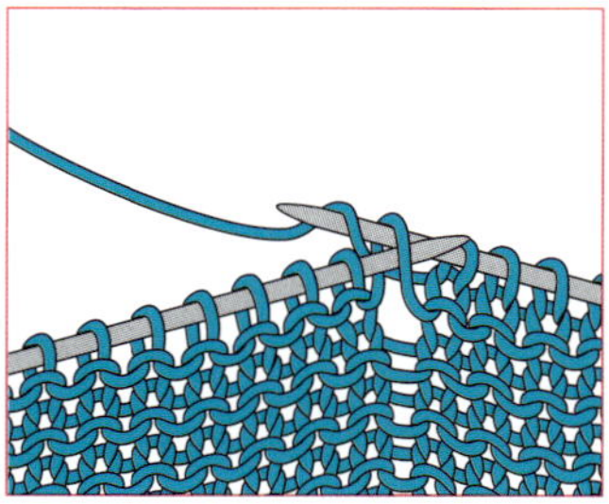

Mit der rechten Nadel hinter der Arbeit von rechts nach links in die Schlinge des Querfadens einstechen, sodass sie sich verdreht, und den Arbeitsfaden um die Nadel legen.

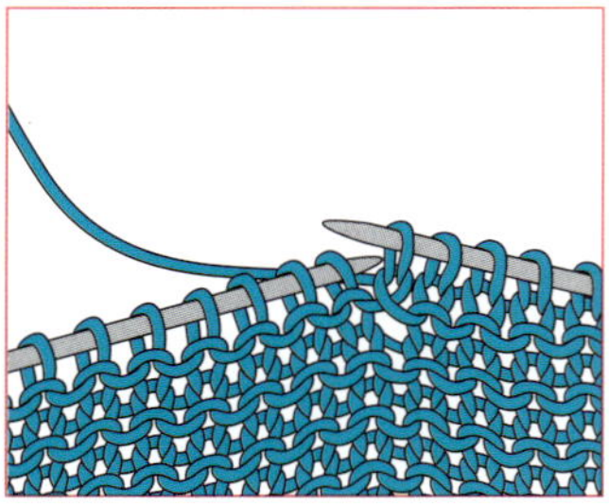

Den Arbeitsfaden nach vorn durchholen und anschließend den Querfaden von der linken Nadel gleiten lassen. So entsteht eine zusätzliche rechte Masche.

2 Maschen rechts überzogen zusammenstricken

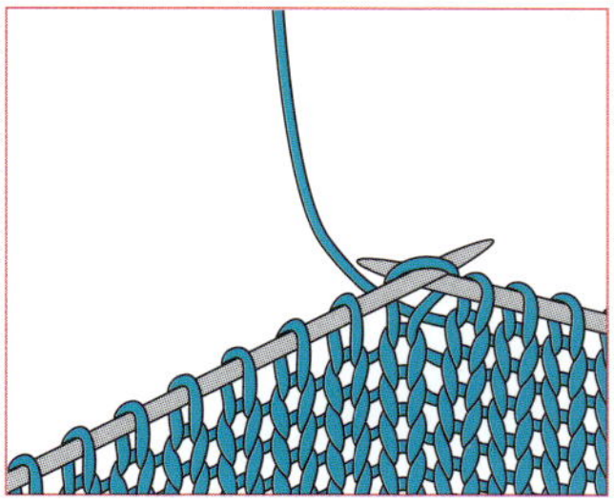

1 Masche wie zum Rechtsstricken abheben.

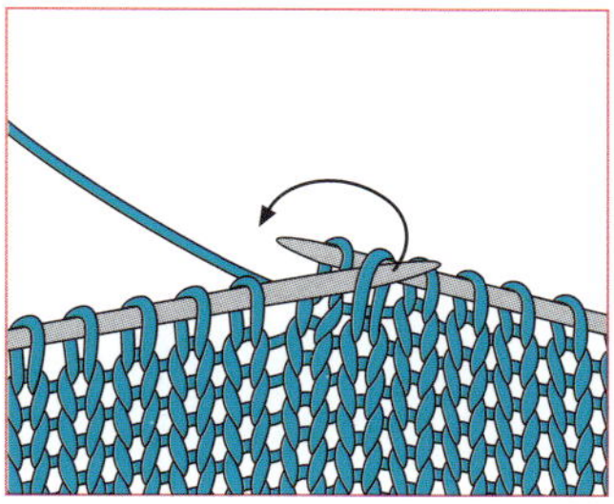

Die folgende Masche rechts stricken und die abgehobene Masche mit der linken Nadel überziehen.

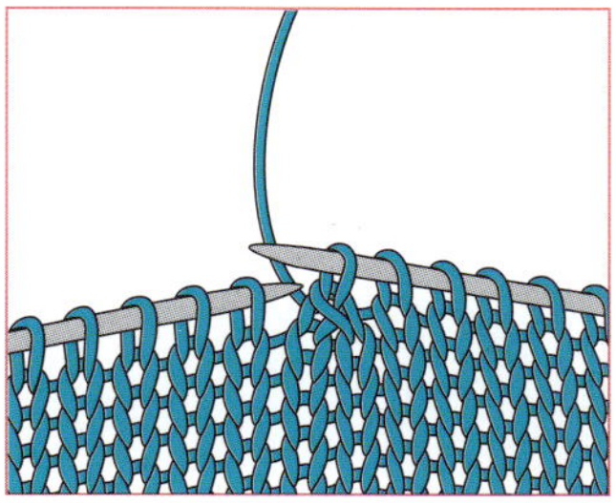

Die darüberliegende Masche zeigt von rechts nach links.

Umschlag

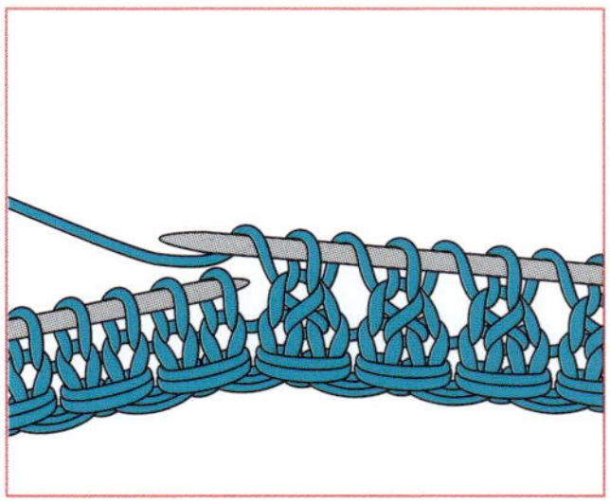

Den Faden von vorne nach hinten über die rechte Nadel legen. Danach weiter nach Anleitung stricken. In der Rückreihe werden Umschläge wie normale Maschen gestrickt; dadurch entsteht dann ein Loch.

2 Maschen links zusammenstricken

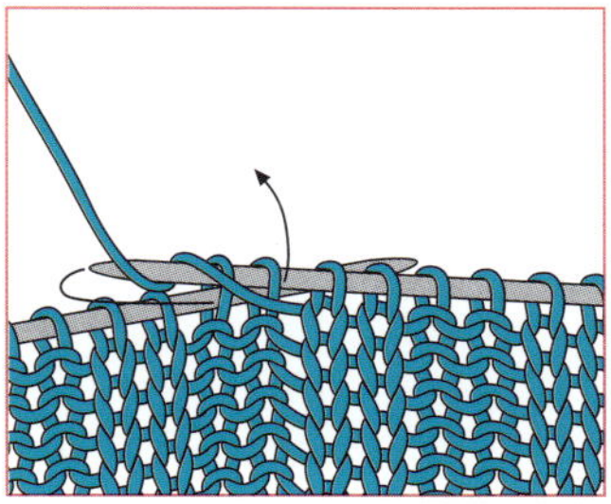

Der Faden ist vor der Arbeit. Mit der rechten Nadel von rechts nach links durch die ersten 2 Maschen der linken Nadel stechen.

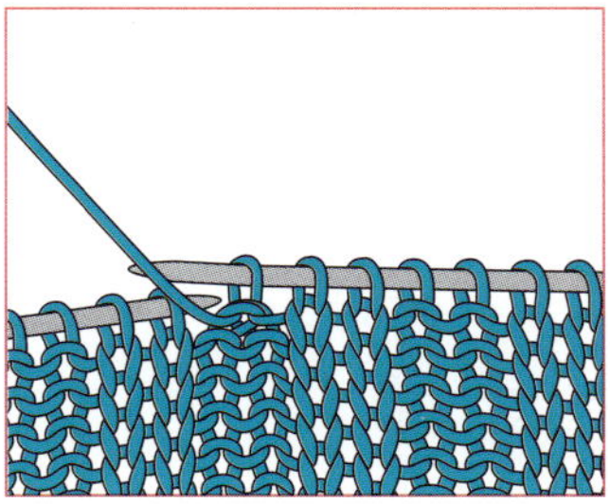

Den Faden durch beide Maschen holen und die Maschen von der linken Nadel gleiten lassen.

Grundkurs Stricken

Maschen abketten

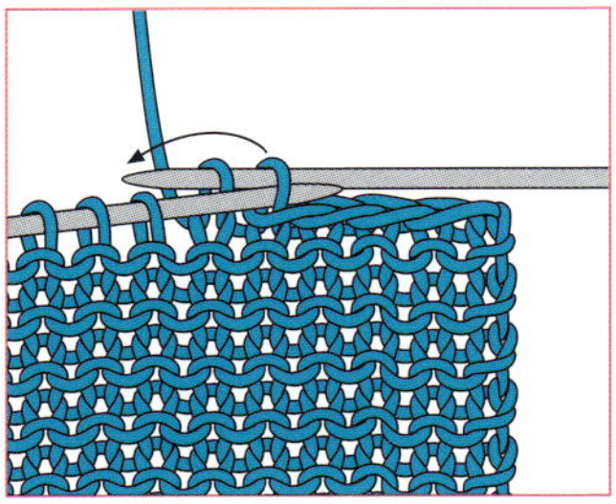

Die ersten beiden Maschen stricken. Mit der linken Nadel in die 1. Masche einstechen, diese über die 2. Masche heben und mit der rechten Nadel die 2. Masche durch die 1. ziehen. Die nächste Masche stricken und die vorhergehende darüberziehen. Am Ende den Faden abschneiden und durch die letzte Masche ziehen.

Maschen dazu anschlagen

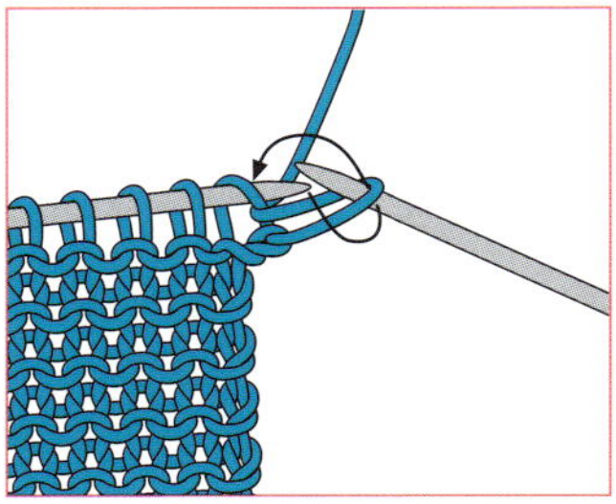

Mit der rechten Nadel in die 1. Masche einstechen, den Faden erfassen und durchziehen.

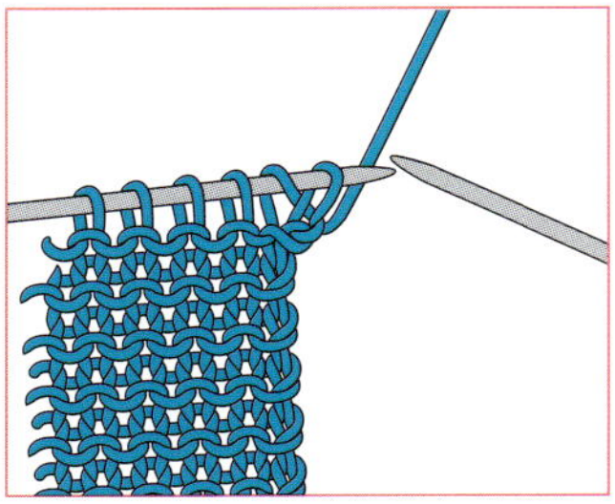

Mit der linken Nadel diese Schlinge von vorne nach hinten erfassen (von rechts her einstechen) und als Masche auf die linke Nadel nehmen.

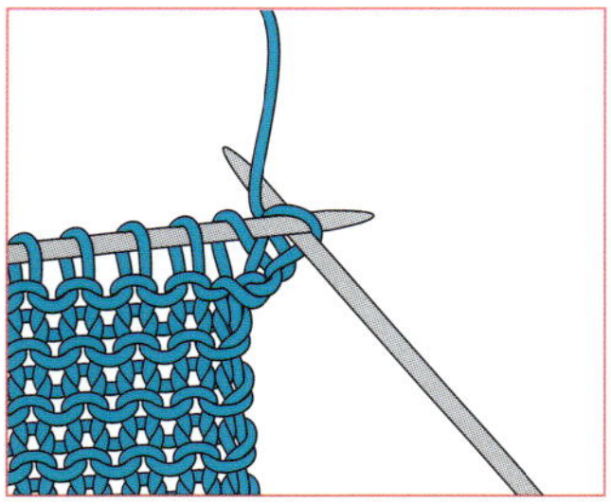

In die neue Masche wieder wie beim Rechtsstricken einstechen und wie in den beiden vorherigen Bildern beschrieben die nächste Masche aufnehmen.

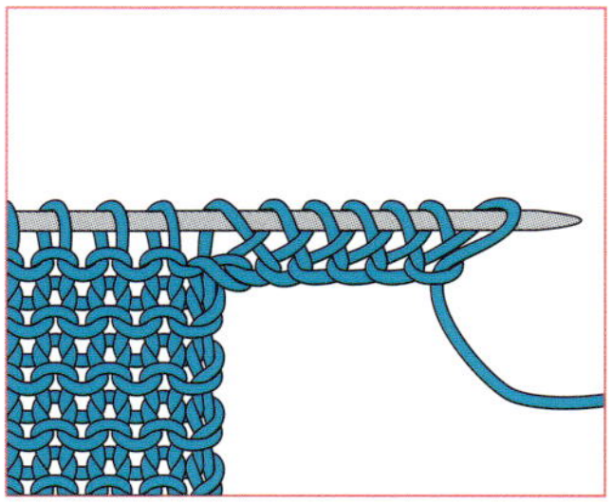

Diese Zunahme stets wiederholen, bis die gewünschte Maschenzahl erreicht ist.

Verzopfung nach rechts

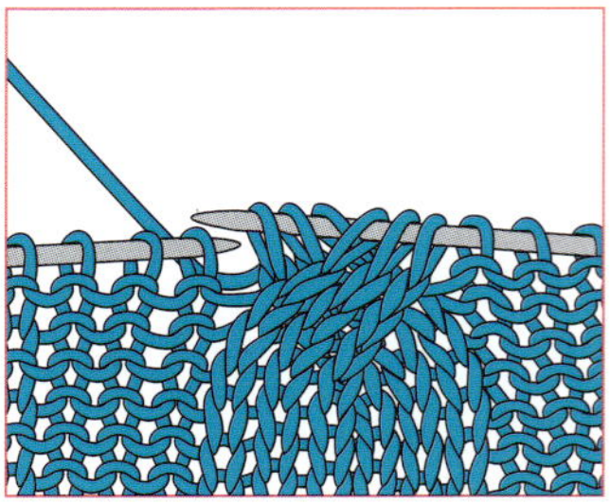

3 Maschen auf eine Hilfsnadel heben und hinter die Arbeit legen, die folgenden 3 Maschen der linken Nadel rechts stricken. Dann die 3 Maschen der Hilfsnadel oder Zopfnadel rechts stricken.

Verzopfung nach links

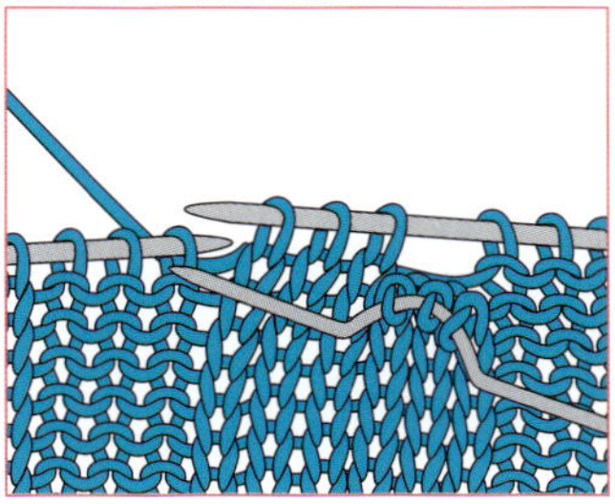

3 Maschen auf eine Zopfnadel nehmen und vor die Arbeit legen, die folgenden 3 Maschen der linken Nadel rechts stricken. Dann die 3 Maschen der Zopfnadel rechts stricken.

Hebemaschen

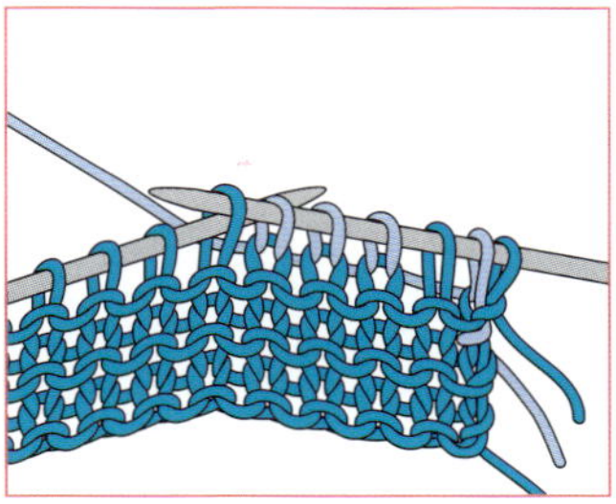

Der Arbeitsfaden ist hinten. In die Masche der linken Nadel von rechts nach links (= wie zum Linksstricken) einstechen und diese ohne zu stricken auf die rechte Nadel heben. Den Faden hinter der Masche locker weiterführen.

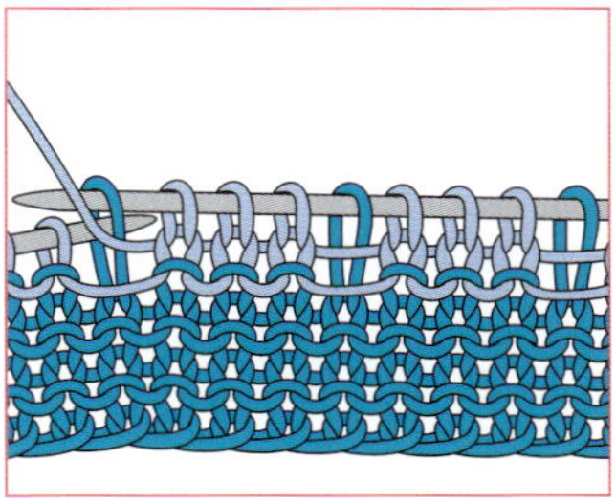

Beim Abheben der Maschen auf die richtige Fadenspannung achten. Die Spannfäden auf der Rückseite der Arbeit dürfen nicht zu fest sein, sonst zieht sich das Gestrick zusammen. Sind sie zu locker, erscheint das Maschenbild unregelmäßig.

Jacquard

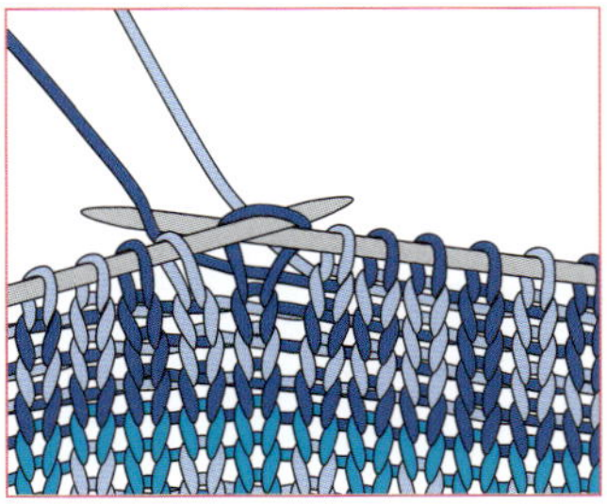

Jacquardmuster werden in zwei oder mehr Farben gestrickt. Die benötigten Fäden zusammen um den Zeigefinger der linken Hand wickeln. Den nicht benötigten Faden auf der Rückseite locker mitführen.

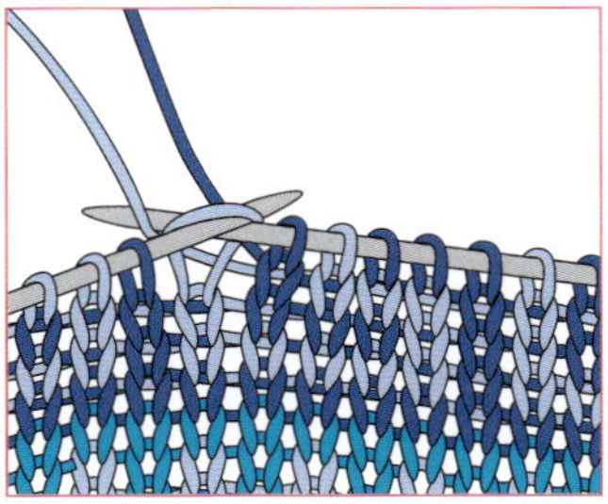

Wird der andere Faden gebraucht, die Maschen auf der rechten Nadel etwas auseinanderschieben, damit der neue Faden mit dem richtigen Abstand die Arbeit überspannt.

Farbwechsel

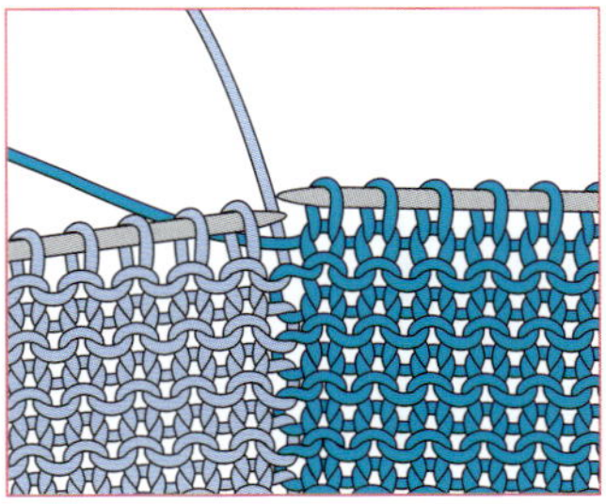

Beim Farbwechsel in der Reihe Fäden verkreuzen, d. h. den alten Faden vor den neuen legen und mit dem neuen weiterverarbeiten. Eventuell den alten Faden mit der rechten Hand festhalten, bis einige Maschen gestrickt sind.

IMPRESSUM

Autorin: Babette Ulmer
Fotografie: Florian Bilger Fotodesign
Strickschriften: Babette Ulmer
Redaktion und Produktmanagement: Theresa Peter
Realisation: Sabine Damerau, Eva Huber, Anna Maier, Tina Muhr, Babette Ulmer, Birgit Schwer, Sabine Thiede, Anke Wohlfahrt
Lektorat: Maria Böhly
Layout: Silke Schüler
Umschlaggestaltung: Max Bartschat
Repro: Ludwig:media, Zell am See
Herstellung: Bettina Schippel, Stephanie Schlemmer
Printed in Slovenia by Florjancic

★★★★★

Sind Sie mit diesem Titel zufrieden? Dann würden wir uns über Ihre Weiterempfehlung freuen.
Erzählen Sie es im Freundeskreis, berichten Sie Ihrem Buchhändler oder bewerten Sie bei Onlinekauf. Und wenn Sie Kritik, Korrekturen, Aktualisierungen haben, freuen wir uns über Ihre Nachricht an:

Christophorus Verlag,
Postfach 40 02 09, D-80702 München
oder per E-Mail an lektorat@verlagshaus.de

Herstellerverzeichnis

- Buttinette Textilversandhaus GmbH
  www.buttinette.de
- Junghans Wollversand GmbH & Co. KG
  www.junghanswolle.de
- Lang & Co. AG
  www.langyarns.com
- Online Klaus Koch GmbH
  www.online.garne.de
- Schulana GmbH & Co. KG
  www.schulana.de

Die Deutsche Nationalbibliothek verzeichnet diese Publikation in der Deutschen Nationalbibliografie; detaillierte bibliografische Daten sind im Internet über http://dnb.d-nb.de abrufbar.

2. Auflage 2023

ISBN 978-3-8410-6570-4

Kreativ-Service

Sie haben Fragen zu unseren Büchern und Materialien? Wir beraten Sie gern rund um alle Kreativthemen.
Rufen Sie uns einfach an. Wir interessieren uns auch für Ihre eigenen Ideen und Anregungen.
Sie erreichen uns per E-Mail kreativ-service@c-verlag.de oder unter der Telefonnummer 0049-89-1306 99 577.

Besuchen Sie uns im Internet: www.christophorus-verlag.de & www.selbstgemacht.de

In gleicher Reihe erschienen ...

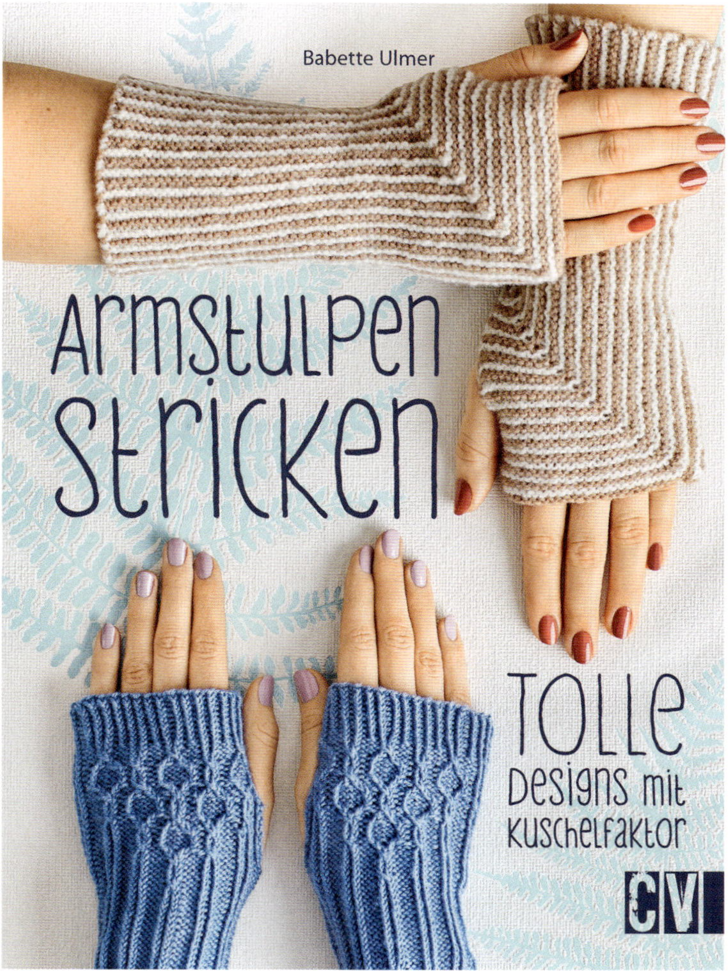

ISBN: 978-3-8410-6443-1

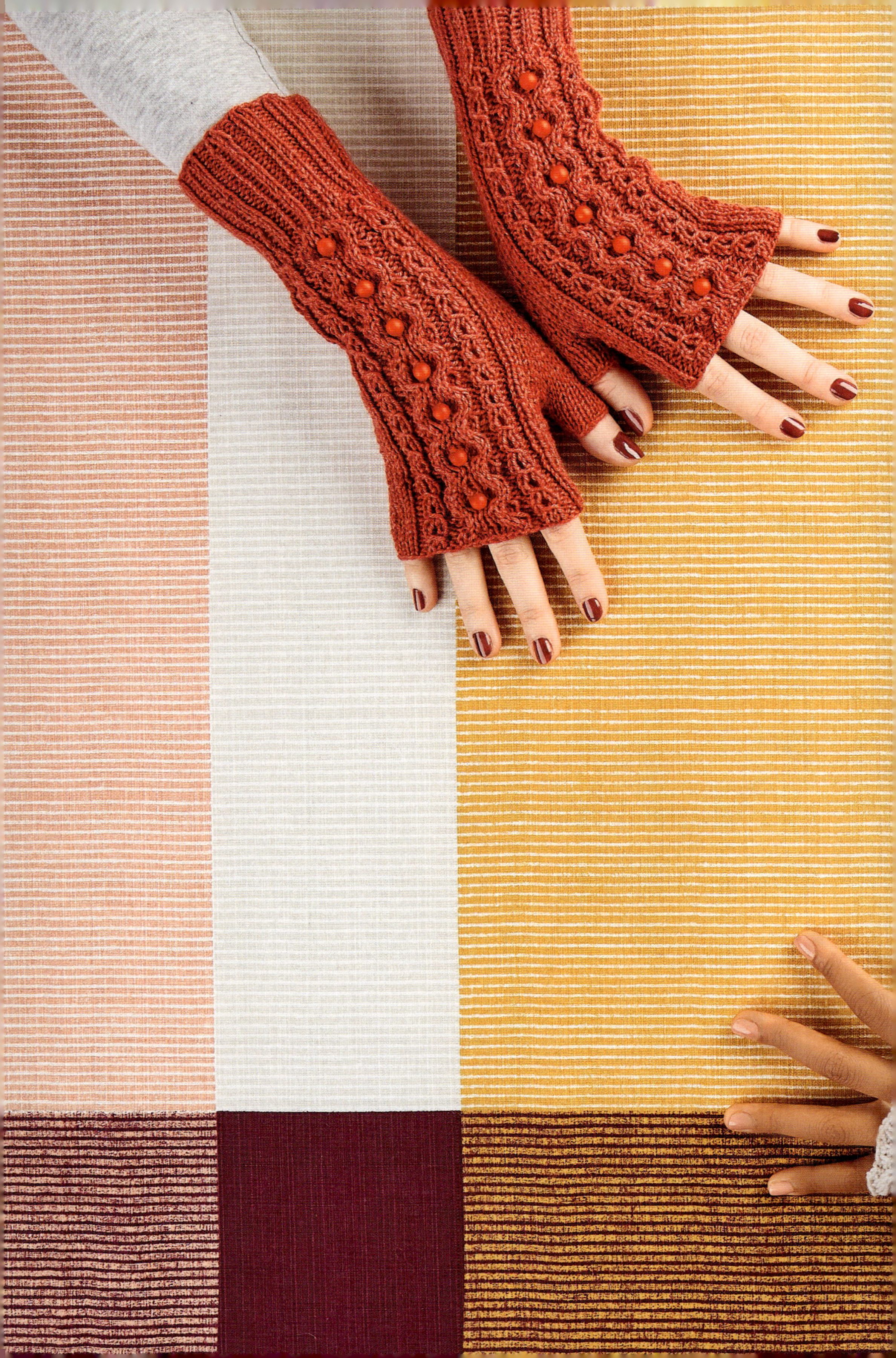